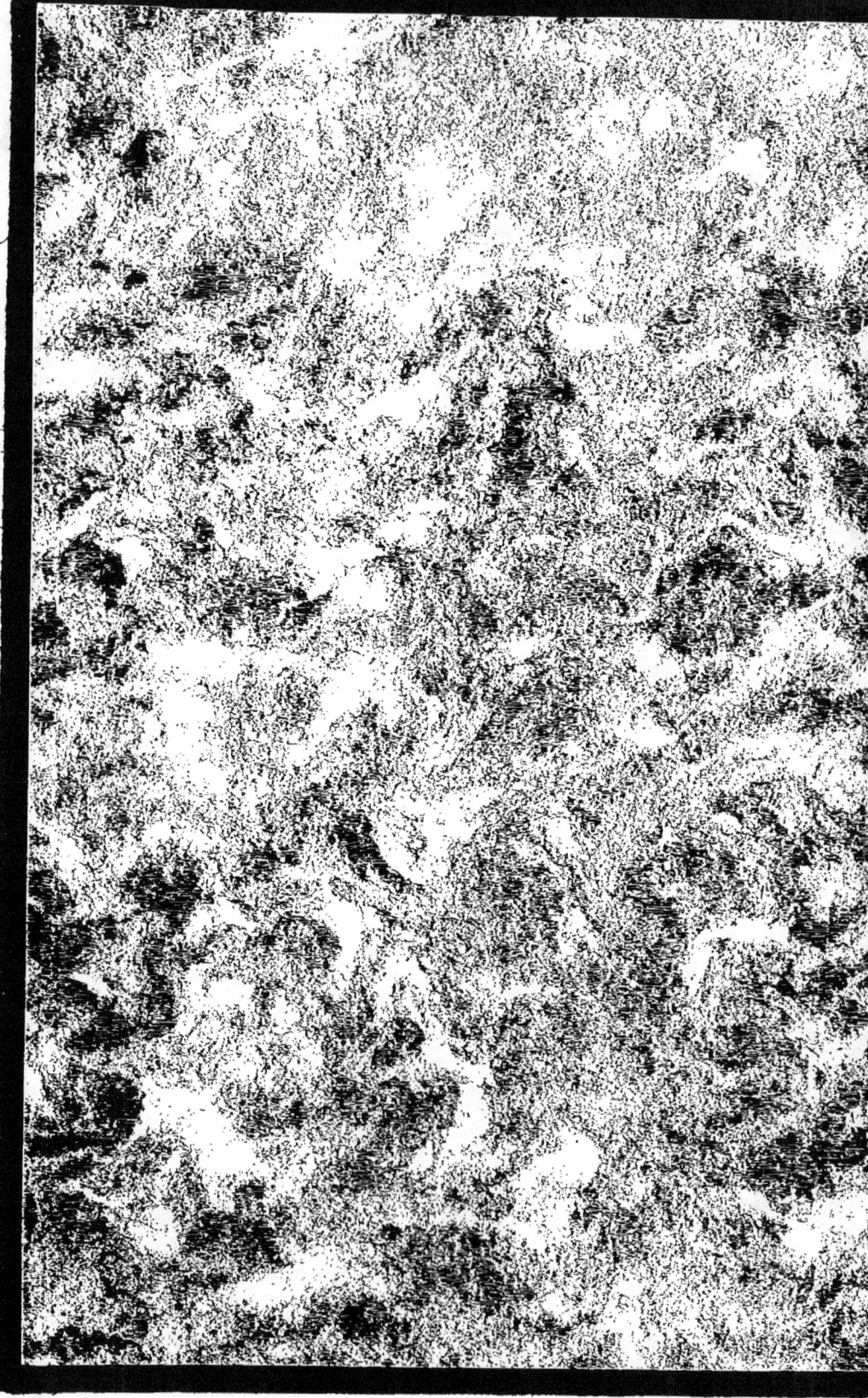

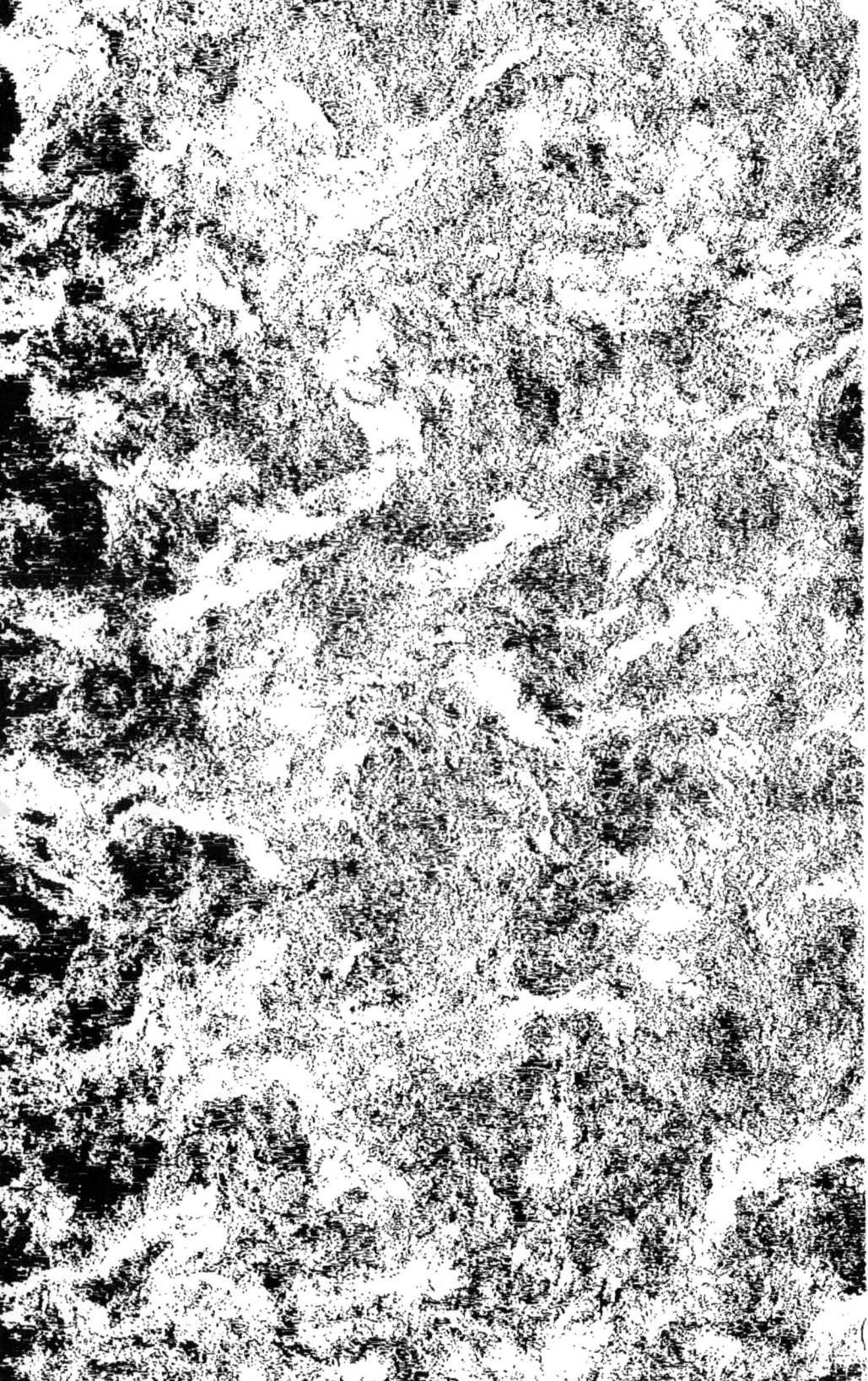

R.LAUB 1976

LA POLICE
DE PARIS
DÉVOILÉE,

PAR PIERRE MANUEL,

L'un des Administrateurs de 1789.

Avec Gravure et Tableaux.

La publicité est la sauve-garde des loix et des mœurs.

TOME SECOND.

A PARIS

Chez J. B. GARNERY, Libraire, rue Serpente, Nº. 17.

A STRASBOURG, chez TREUTTEL, Libraire.

A LONDRES, chez J. DE BOFFE, Libraire, GERARD STREET Nº. 7, Soho.

L'an second de la Liberté.

DE LA POLICE

SUR

LES COMÉDIENS.

Les Rois ont long-temps voulu nous persuader qu'ils étoient Rois par la grace de Dieu. C'étoit manquer à la Providence que de croire qu'ils nous étoient donnés par elle. Il y en a eu si peu de bons !

On n'est pas plus Roi par la grace de Dieu, qu'on n'est Comédien par la grace du Roi.

Et des Rois, sacrés à Reims, s'imaginoient avoir le droit de donner des Comédiens à la ville de Paris ! qui souvent ennuyée, payoit ceux qui les amusoient. C'est Louis XIV qui en 1680, voulut que sa troupe pût seule représenter les comédies, *faisant défenses à tous Comédiens François de s'établir, même dans les fauxbourgs*. Fiers d'un privilége qui promettoit des pensions, les Comédiens *ordinaires* devinrent bientôt insolens comme des valets, c'est-à-dire, que les très-humbles serviteurs de M. le Censeur-royal, de M. le Lieutenant-générale de police, de M. le Ministre de Paris, de M. le Magistrat de la librairie, de M. le Garde-des-Sceaux, de M. l'Intendant des menus, de MM. les Gentilshommes de la chambre, pour se consoler de toutes les pilules amères, que leur faisoient avaler ces despotes subalternes, ils se persuadoient du moins, que les *Muses* étoient à leurs gages ; et il sembloit, quand le *Génie* les honoroit et les nourrissoit, que c'étoient eux qui lui faisoient l'aumône. Il falloit une assemblée de la Nation, pour faire ce qu'a fait tout seul, il y a quelques années, le duc de Toscane dans ses *Etats*, pour apprendre à des *Naudet*, qu'ils n'étoient pas les héritiers de Corneille, parce que le *Cid* est une propriété comme une maison : qu'une pièce de théâtre ne doit avoir, comme un sermon, d'autre juge que le peuple qui l'entend ; que M. Chenier est libre de donner ses tragédies aux acteurs de qui il espère ou plus d'argent ou plus de gloire, et qu'enfin tout citoyen qui veut jouer un *rôle*, n'a d'autre loi à craindre que celle des sifflets.

Toutes ces vérités simples ne seroient jamais entrées dans la tête de M. *de la Vrillière*, toute vide qu'elle étoit, puisque le 22 janvier 1769, il écrivoit encore à M. de Sartines : " L'intention du Roi est que les privilèges des Comédiens soient éternels ; et si pour l'amusement de la *populace*, il a permis des *bouffonneries* et *parades*, c'est à condition que *Nicolet* et *Audinot*, se contentant de scènes détachées, n'auront jamais plus de quatre ou six violons dans leur orchestre, et plus de huit ou dix danseurs dans leurs ballets ; que le prix de ces spectacles populaires sera toujours de 24 sous aux premières loges, de 12 aux secondes et de 6 aux dernières places, le tout à peine de 300 liv. d'amende et de démolition de leurs salles ".

Ce décret chamberland effrayoit toutes les *marionnettes* ; mais les petites actrices que le *relâche* faisoit pleurer, ne quittoient pas les papas-ministres que les *cordes* ne fussent retendues, et la *Vénus-Pélerine*, le *Fameux-Siége*, *Don-Quichotte*, faisoient naître tout-à-coup plus de 150 danseurs.

C'est alors que M. Jabineau de la Voute, l'avocat des *François*, citoit les arrêts de 1707, de 1708, de 1709. Il rencontroit sur sa route M. de Visme, directeur de l'Opéra, qui protégeant Nicolet et Audinot, parce qu'ils lui donnoient 60 liv. par jour, le menaçoit de faire évoquer au conseil du Roi la demande qu'il formoit contre eux au Parlement.

M. Jabineau se vengea, en lui cherchant à lui-même dispute sur ce qu'il avoit fait de l'*Andromaque* de ses cliens un opéra, comme si *Racine* n'appartenoit pas tout entier à ceux qui avoient payé jusqu'en 1739, aux fils et petits-fils de Racine, l'*Athalie* composée en 1699 : (le beau mérite ! elle n'étoit jamais tombée dans les règles) et il engagera d'autant plus ses *parties* à poursuivre l'*Opéra*, qu'un arrêt du Conseil avoit condamné le 8 août 1753, Messieurs les Comédiens du Roi à 500 liv. d'amende, et à dix mille livres de dommages et intérêts envers l'Opéra, pour avoir donné des ballets.

Ce n'est pas tout : il lui demande au nom de la Comédie Italienne, pourquoi, d'après le bail pardevant notaire, du 29 Janvier 1766, par lequel les directeurs de l'opéra ont affermé aux Italiens pour 18 ans, à commencer au premier janvier 1767, moyennant 30 mille liv. de loyer par an, le droit exclusif de jouer sur leur théâtre à Paris, et d'établir dans toutes les autres villes du Royaume, le spectacle de l'Opéra Comique, composé de vaudevilles, danses, machines, décorations, symphonies et morceaux de chant : pourquoi il avoit empêché qu'elle jouât l'*Inconnue Persécutée*, dont la musique seule étoit italienne, sous le prétexte ridicule que la *musique* étoit une *langue* ; comme si elle n'avoit pas toujours donné la *Servante Maîtresse*, la *Bohémienne* et *Ninette à la Cour*, *Il Bainco*, qui sont des parodies de la Serva Padrona, de Bertholdo, de la Zingana et du Joueur : comme si le Régent, son fondateur, en 1717, ne lui avoit pas assuré la faculté de représenter toutes sortes de parodies ! Passe tout au plus que le Ministre ait suspendu l'*Olimpiade* de *Métastase*, parce qu'il y avoit des *chœurs*. Une des raisons qui, si elle n'étoit pas la meilleure, étoit du moins la plus adroite, c'est que la *Reine* avoit ordonné qu'on essayât, avant son tour, cette *Inconnue Persécutée* dans la capitale, pour qu'elle fût mieux jouée devant elle à *Marly* : et comment manquer de respect aux ordres *sacrés* de la Reine ?

Il lui reproche enfin d'avoir volé aux

Italiens la *Chercheuse d'Esprit* et *Annette et Lubin*, qui, quoique *ballets* de *Noverre*, n'en sont pas moins les deux comédies mises en actions et en pantomimes.

Et puis, revenant sur ses chers *François*, il les plaignoit d'avoir un état où aucun d'eux n'avoit jamais pu se faire, comme Nicolet, 40 mille livres de rente, parce que leur garde-robe les ruinoit. Celle de *le Kain* lui avoit coûté 55 mille francs, celle de *Bellecourt* trente; et à peine retira-t-on de l'une 6 mille livres, et de l'autre 4200 livres.

Toutes ces plaidoieries qui duroient toujours long-tems, puisqu'on écrivoit encore, même quand on n'avoit plus rien à dire, se terminoient souvent dans le cabinet de M. Lenoir, qui sans autres principes que ses caprices ou des considérations, ordonnoit que la scène de *l'écluse* ne fût jamais que la halle ou les ports, et ses acteurs, des charbonniers ou des harengères. Défendre aux histrions des remparts, de rien dire de raisonnable, c'étoit condamner le peuple à la licence des farces; et il s'amusoit des lazis orduriers de Pierrot et de Colombine, sur leurs tréteaux en plein vent, comme il s'enivroit du vin de Ramponeau. Le vice passoit comme la litarge.

M. le Lieutenant de police n'avoit pas seulement à maintenir la ligne de démarcation entre les empires ; il falloit encore qu'il réglât les emplois de tous ceux qui se croyoient autant de rois, quoique pourtant gens de main-morte, seulement propriétaires d'un revenu qui, transmis à eux, seroit transmis par eux. Comme ils exploitoient en commun un champ où ils avoient chacun un quartier de terre à labourer, quand un dernier venu anticipoit sur un terrein où la charrue de son prédécesseur avoit poussé quelques sillons, on demandoit de nouvelles limites. C'étoit le cas où se trouvoit mademoiselle *Sainval*, lorsque prête à jouer *Roxane*, un exempt vint la déshabiller. Malheureuse et presque malade, parce qu'elle jouoit toujours, ou Mérope, ou Sémiramis, ou Phèdre, ou Elizabeth, elle réclamoit comme double de mademoiselle *Dumesnil*, tous les rôles de Reine, de Mère, enfin de Femme délaissée, celui de Zénobie, d'Ariane, de Didon, d'Idamé, d'Hermione, d'Emilie ; et d'autant mieux que madame Vestris en avoit cent dix-huit Le refus de celle-ci rappeloit la fable de la Lice et de sa compagne. Il paroît que les conclusions de M. Dugazon donnèrent de l'humeur a la reine détrônée, d'après ce billet au magistrat.

Versailles, mercredi 2.

Vous savez, Monsieur, ce qui s'est passé avant hier à l'assemblée de la comédie, et les propos que mademoiselle Sainval y a tenus, après avoir entendu la lecture de ma lettre. M. Amelot a dû vous écrire de l'envoyer chercher, et de lui parler avec toute la force possible sur le projet qu'elle a formé, en ajoutant que vous aviez ordre du Roi de le lui défendre. Je vous prie de vouloir bien envoyer chercher aussi le semainier, et de lui faire connoître les intentions du Roi, relativement à cette extravagante, et à l'exécution des *ordres* que j'ai donnés. Il devient indispensable de mettre de l'*ordre* dans cet infâme tripôt.

LE MARÉCHAL DUC DE DURAS.

De son côté madame Vestris boudoit, parce qu'on ne la claquoit plus. M. Lenoir la recommanda au Mercure et aux petites affiches. « Ses plaies sont profondes, et si l'on n'y met pas un peu de baume, on la perdra tout-à-fait ». Enfin la paix se fit, comme des femmes la font : elles s'embrassèrent et ne se pardonnèrent pas.

C'étoit un homme bien *entrant* que ce M. Lenoir. Quand il avoit réconcilié une Rodogune et une Cléopâtre, et qu'il leur avoit fait dire avec autant d'effusion que Brisard : soyons amis, Cinna : il descendoit jusqu'aux tracasseries de ménage. Aussi étoit-ce dans son sein que madame de Bellecourt déposoit tous ses accès d'amour et de jalousie. « Sachez si M. D... a dîné hier, lundi, chez madame la comtesse D'... Il faut nécessairement que tout ceci finisse. J'ai des maux d'estomac affreux : j'étudie sans rien apprendre ; et quelque chagrin que cette rupture me cause, je souffrirai moins que par la contrainte que je m'impose en écoutant des mensonges, et ne prévoyant que des trahisons.... Il faudroit faire suivre le laquais ; il porte des lettres, je ne sais où.... Avant-hier il a monté dans une loge, au troisième, où il est resté après la pièce dans une obscurité favorable. On peut savoir les noms de ceux qui ont loué des loges en haut, et par ceux qui appellent les carrosses ; si madame *Burman* y étoit. On saura aussi s'il a fait venir un fiacre pour lui... Quelle position douloureuse, de ne pouvoir ni espérer ni rompre, n'ayant rien de positif à reprocher. Des demi-preuves n'empêchent pas un démenti ; et *cela n'est pas vrai*, est la réponse que l'on me fait et que l'on me fera toujours ,,. Le grave magistrat que ses affaires empêchoient de courir à un incendie, faisoit dire à son grand Suisse à baudrier d'argent, de ne laisser entrer qu'elle ; et il prenoit sur son sommeil pour essuyer ses larmes, et il lui prêtoit son chariot pour déménager.

Si M. le Lieutenant de police se donnoit la peine d'entendre les femmes, on sent bien qu'il étoit forcé d'envoyer dans ses bureaux MM. *Courcelle*, *Camerani*, *Rosier*, qui venoient lui faire de respectueuses remontrances sur les *Beaujolais*, qui jouoient sans remords le *premier navigateur*, dont le fonds étoit celui de *Zémire et Mélide* ; *Annette et Basile*, dont les ritournelles sont de leurs vaudevilles ; et *Julie et Fanchette*, qui ressemblent à *Fanfan et Colas* : *Raymond*, *Granger et Favart*, qui se plaignoient de ce que le proverbe *plus de peur que de mal*, où *Roquille* se cache dans la poudrière, rappelle toutes les situations du *Tableau parlant*, ou des *Femmes vengées*. Mais quand M. Suard appuyoit lui-même la supplique de la Comédie françoise, qui vouloit exercer son *veto* sur le *Pessimiste des Variétés*, alors les *Variétés*, pour persuader le magistrat que l'analogie d'un visage avec un visage n'établit ni la preuve ni la conséquence que deux visages se ressemblent, opposoient à M. Suard M. Goldoni, qui, ne pouvant se dissimuler la ressemblance de *Duprez* avec *Géronte*, puisqu'ils ont l'un et l'autre la même vertu, assignoit cette différence, que la Pessimiste est un ouvrage d'esprit, et que le *Bourru bienfaisant* est l'ouvrage de la nature.

Si les hommes de lettres avoient souvent à invoquer la toute-puissance du magistrat contre ces comédiens burlesquement privilégiés, ils n'avoient pas moins d'humeur contre ce M. Suard, dont la serpe ne touchoit à leurs lauriers que pour les flétrir. C'est lui qui, quand on lui présenta la *Discipline militaire du Nord*, par attention pour les *garnisons*, eut cette idée heureuse de la soumettre à M. le maréchal de Ségur, qui chargea M. le maréchal de Vaux d'en faire son rapport; et sur l'avis de ces deux maréchaux, la scène du *conseil de guerre* fut supprimée. C'est lui qui faisoit observer dans le *prologue* sur la publication de la paix, que l'éloge du Roi étoit bien *direct* et un peu *commun* ; que celui de M. de Vergennes n'étoit qu'un *trait* ; que celui du *Séducteur*, qui s'y trouvoit, pourroit être plus applaudi que celui de Sa Majesté. « C'est à des *lumières supérieures*, écrivoit-il au Lieutenant de police, à juger du degré *de convenance* ». C'est lui qui ne voulut jamais munir de son sceau la *Marie de Brabant*, de M. Imbert, qui, sans rien braver comme sans rien craindre, disoit : j'ai fait un ouvrage, je m'en déclare l'auteur : c'est aux tribunaux à nous juger : mais si j'ai su respecter les lois, les mœurs et la religion, je demande, comme citoyen, que le théâtre ouvert aux écrivains de la nation ne me soit pas fermé. La gloire attachée aux ouvrages d'esprit, le produit légitime qui en résulte sont une propriété sacrée comme les autres : la défense de jouer ma piéce est une accusation tacite contre moi : tout châtiment suppose un crime. Je réclame le droit qu'ont tous les accusés, d'être punis ou justifiés.

C'est M. Suard qui trouva dans le *Temple de Luciné*, fait par *Dorat*, pour l'accouchement de la Reine, l'indécente allusion à S. Jean, précurseur du Messie : et M. de

Maurepas, dévot comme M. Suard, ordonne ce que conseilloit M. Suard.

Ce n'étoit pourtant pas toujours M. Suard qui arrachoit le pain aux Comédiens : ils ne savoient à qui obéir. Tantôt c'étoit M. Joly de Fleury qui interdisoit l'*Abbé de Plâtre*; tantôt c'étoit l'archevêque Beaumont qui trouvoit fort mauvais la *Vérité dans le vin*, et qui ne vouloit pas même la permettre chez mademoiselle Guimard, à la chaussée d'Antin, le jour de la conception. Jusqu'à M. Bellenger, qui fit suspendre *l'Opéra de province*, parce qu'un *Jourdain*, l'oncle d'un étudiant en droit, en chantant sur l'air des *boffus*, que sacrifiant son repos, son plaisir et son honneur, *il a blessé cent fois la justice, pour que son neveu pût un jour le rendre*, des filles fixèrent les yeux sur ses cheveux longs. Mais sur-tout avec quel entêtement le baron de Breteuil, ce ministre si dur, qui étoit cheval, même avec les femmes, repoussa-t-il toujours l'*Honnête criminel*, dont le moindre mérite étoit un *privilége du Roi*, et qui couvert de l'estime publique, avoit même fait pleurer la cour de Versailles.

Une main plus lourde encore pesoit sur les théâtres ; c'étoit celle des gentilshommes de la chambre qui portoient un sceptre de plomb. Sultans d'un serrail où leur plus grand plaisir étoit d'être sots à leur aise, ils gouvernoient en hommes d'état le département des coulisses; et c'étoit à genoux que leur étoit présenté ce placet:

MONSEIGNEUR,

« La demoiselle de Saint-Marc a été entendue au Comité de la Comédie italienne, de l'ordre de Monseigneur, dans l'emploi de madame de Nainville.

Le rapport de messieurs les Comédiens a été, que cette actrice avoit une *jolie voix*, une *voix agréable*; mais qu'elle paroissoit trop *grasse* pour l'emploi auquel elle se destinoit. Ce rapport est entre les mains de M. Désentelles.

Comme cet embonpoint n'est pas si extraordinaire que l'on voudroit le faire croire, qu'elle sait par expérience que son embonpoint ne lui a jamais nui, elle espère que Monseigneur voudra bien lui accorder l'ordre de début ». Monseigneur fit mettre dans deux balances mademoiselle de Saint-Marc et mademoiselle Saulin, et on préféra la plus légère.

Le maréchal de Duras ne connoissoit pas

d'affaires plus graves, avant qu'il eût été consulté sur ce billet auguste : c'étoit ici un procès digne de Gerbier.

4 février 1783.

« Monsieur le prince de Conti jouit d'une loge en bas, aux Italiens, à côté du Roi, depuis le 2 août 1776, jour du décès de son père. Le changement de salle ne lui paroît pas devoir en apporter dans sa jouissance, ni donner droit à madame la duchesse de Bourbon de l'expulser de cette loge, parce qu'elle s'est faite inscrire, dit madame de Seran, dans le mois de février 1782, pour en avoir une. Quant au droit d'aînesse, sur lequel madame de Seran s'est permise d'articuler quelque chose, M. le prince de Conti déclare qu'il n'en reconnoît d'autres que de laisser passer ses aînés les premiers à la porte, quand elle n'est pas assez grande pour y passer tous deux ensemble ; sa maison et son rang ne différant en rien des leurs, et l'égalité entr'eux étant aussi parfaite qu'elle l'est entre les particuliers. Il ne souffrira donc jamais que dans aucun cas ils prennent vis-à-vis de lui aucune supériorité ni suprématie, et ne doute pas que madame de Seran ne fasse sentir à madame la duchesse de Bourbon qu'elle a été un peu vîte. L. F. J. DE BOURBON.

Jamais les gentilshommes que le Roi lui seul devoit occuper tout entiers, n'auroient suffi à tous les débats qui pouvoient naître dans les foyers, si M. le Lieutenant-général de police n'eût pris sur lui tous les détails domestiques. C'est lui qui se chargeoit d'appaiser la famille *Vestris*, lorsqu'elle menaçoit de culbuter toute la maison Pankouke, pour avoir permis un faux-pas au rédacteur Fontanelle, d'insérer dans le Mercure du 17 mars 1781, des injures angloises contre le plus fameux danseur de l'Opéra. C'est lui qui ordonnoit la peine de réduire à 400 livres le mémoire que présentoit à l'aînée Sainval le docteur *Roze*. C'est lui qui, faisant épier toutes les *recettes*, avoit toujours l'oeil et quelquefois la main sur les *caisses*. C'est lui qui faisoit ramasser avec soin les moindres propos, jusqu'à savoir que le 22 janvier 1780, au bal de l'Opéra, la Reine, qui *ne loue qu'à propos*, complimenta une fille, la *Desforges*, de sa jolie figure, sans doute pour l'achalander. C'est lui enfin qui régloit les *entrées* à tous les spectacles. Son mandat étoit le même pour tous, aux noms près, qui changeoient comme les officiers.

THÉATRE

THÉATRE FRANÇOIS.

Entrées de Police.

M. le Commandant de la garde de Paris, et
  M. le Major.
MM. les Commissaires Chenu et Guyot.
M. Suard, Censeur royal.
M. Martin, ancien Secrétaire.

SECRÉTAIRES.

MESSIEURS,

Cauchy.	Nicolas.
Loiseau.	Basselin.

CHEFS DE BUREAUX.

MESSIEURS,

Puissant.	Regnard.
Le Chauve.	Barbeau.
Mascrey.	Debeaumay.
Spire.	L'Allemand.
Garon.	Coquereau.
Debellefoy.	

INSPECTEURS.

{ D'Hémery. Dutronchet. } { L'un des 4 al-
{ Buhot.   Lehoux.   }
{ Longpré. Santerre.   } { ternativement.
{ Vaugien. Lescaze.   }

Quidor.   Sommellier.
Surbois. Villemein.
Paillet.

M. Marchais, Inspecteur général des maréchaussées.

M. Renard, Commissaire général de la garde de Paris.

Arrêté par nous Lieutenant général de Police. Paris ce 28 avril 1789.

DE CROSNE.

Quidor avoit fait sentir dès 1780 à M. Lenoir, combien il étoit important qu'il eût la facilité de se placer à l'Opéra, même à l'amphithéâtre, où se mettent les femmes galantes. « C'est là où se font les » propositions, où se concluent les mar- » chés » Souvent il s'y commençoit jusqu'à des adultères.

Il paroît que le Gouverneur de Paris avoit sur les salles du Palais-Royal et des boulevards, la haute-main. C'est par trop étendre le *droit des gens*, que de contremarquer toute sa maison.

OFFICIERS DES GARDES.

Messieurs,

Le Chevalier d'Escourre, Capitaine-major.
Delapomeraye, Aide-major.

PAGES (1).

Messieurs,

Leblois.
Degrimaudet.
Duharbel, Gouverneur.

Messieurs,

Maupetit, Intendant du gouvernement.
Ricadat, Secrétaire du gouvernement.
Michelet, Secrétaire.
Rigault, Archiviste.

---

(1) On proposoit au directeur de la troupe de Versailles, de laisser entrer au spectacle tous les pages du Roi, de la Reine et des Princes. Il observa, avec finesse, que beaucoup de *pages* font un volume.

MESSIEURS,

Le Roi, Médecin du gouvernement.
Marquais, Chirurgien.

MESSIEURS,

. . . . . Maître d'hôtel.
Penel, Chef de cuisine.
Fisson, Chef d'office.

MESSIEURS,

Bidault.   Valets de Monseigneur et de
Piot.   Madame la Duchesse.
Lauret.

Certifie le présent état véritable, le 11 juin 1788.

LE DUC DE BRISSAC.

Sans doute les Aumôniers étoient en loge grillée.

La *robe* vouloit avoir les mêmes droits que l'épée aux *Variétés* : et quand le Tribunal des Maréchaux de France avoit neuf personnes, sans compter les gardes qui se couvroient d'ordres secrets ; que le gouvernement-*Brissac* en avoit dix et la Police

58, c'étoit être très-discret à M. le Premier Président de ne demander que deux billets, comme le Procureur-général, comme le Procureur du Roi. Le Ministre en avoit bien vingt et le Prévôt des marchands sept. M. Joly de Fleury, écrivit une lettre fort sèche le 22 octobre 1788, à M. de Crosne, qui contestoit la place de son valet-de-chambre *Mazurier* : et son argument irrésistible étoit : il est *attaché* à ma *personne*. La question fut ajournée : et on pria monsieur le valet-de-chambre de se contenter du provisoire.

De Messeigneurs de Brissac et de Crosne à M. Bailli, il y a un siècle : et je vois encore les mêmes choses sous des noms différens. La Municipalité a aussi ses loges, et c'est madame Bailli qui les remplit avec les secrétaires de la Mairie. Comment le Maire d'un peuple libre ne sent-il pas que s'il ne paye pas sa place dans les spectacles, c'est qu'il a des devoirs à remplir, là où les autres n'ont que du plaisir à prendre. Mais sa femme n'est toujours qu'une femme, qui, contente de sa table et de son lit, ne doit partager aucune de ses prérogatives. Oseroit-elle porter son écharpe ? Que Monsieur le Maire, apprenne que la Cour elle-même à Londres, n'a de loge que quand elle vient la remplir : elle n'est jamais louée que pour une représentation : le lendemain y entre qui veut.

Mais c'est au théâtre même que devroient se donner toutes ces leçons là. Est-ce qu'il ne s'élevera pas un Aristophane qui recueillant les ridicules, comme les évènemens, n'épargne aucun des chefs de la République, fût-il un Socrate ! Comment le célèbre Foot a-t-il tant fait rire les Anglois ? En faisant pleurer plus d'un ministre.

DE LA POLICE

SUR LES

MAISONS DE FORCE.

Quand un Roi s'imagine que vingt millions d'hommes sont faits pour lui seul, et qu'il veut être lui seul plus fort qu'eux tous ; quand il a des ministres, dont le plus doux a expédié, sur l'affaire de la bulle Unigenitus, plus de 54,000 lettres de cachet, il faut qu'il ait des prisons partout où il a à craindre qu'un Blaskione réveille le peuple pour lui dire que la *conservation* de la *liberté particulière est si importante, que s'il étoit laissé à la volonté des magistrats, et même du magistrat suprême, d'emprisonner arbitrairement ceux que lui ou ses Officiers jugent devoir l'être, tous les droits, toutes les immunités seroient bientôt anéanties.*

La France étoit hérissée de ces maisons de force, où le despotisme qui ne paroissoit doux que parce qu'il étoit corrompu, et qui eût été moins dur s'il eût été plus méchant, avoit la lâcheté de renfermer des victimes qu'il n'eût eu pas le courage de tuer.

Chaque province étoit son géolier. La Bretagne lui gardoit le *Château du Taureau*, l'Anjou, celui de *Saumur*, la Guyenne, le *Château-Trompette*, le Lyonnois, celui de *Pierre-Encise*, le Languedoc, le fort de *Brehon*, la Normandie, le *Mont-Saint-Michel*, la Picardie, le *Château de Ham*, la Provence, les îles *Sainte-Marguerite*. Ce n'est pas tout. Comme la capitale qui a *Saint-Lazare*, *Bicêtre* et *Charenton*, chaque ville offroit ses couvens, où des moines, qui ne prioient que Dieu, gardoient des hommes qui ne prioient souvent que le Roi. C'étoient à *Angers*, à *Nancy*, à *Rouen*, les *Ecoles chrétiennes*: à *Mont-Jean*, à *Beauvoisis*, à *Tanlay*, à *Châtillon-sur-Seine*, à *Amboise*, les *Cordeliers*: à *Saint-Venant*, à *Armentières*, à *Lille*, les *Bons-fils*: à *Senlis*, à *Château-Thierry*, à *Romans*, à *Cadillac*, à *Pontorson*, à *Poitiers*, les *Frères de la Charité*; *à Vailly*, les *Picpus*; &c. Ce n'est pas tout encore. Que faire des femmes, quand n'étant plus assez jolies pour avoir toujours raison, leurs défauts passent pour des vices, et leurs foiblesses pour des crimes ! Il faut les cacher ou les perdre. Mais la *Salpétrière*, *Sainte-Pélagie*, les *Magdelonnettes* ni le *couvent de Valdonne*, ne les contiendroient pas toutes. *Le Refuge* à *Dijon*, les *Annonciades* à *Clermont-Margone*, la *Madelaine* à la *Flèche*, *Notre Dame-de-Charité* à *Guimgamp*, celle de la *Riche* à *Tours*, les *Ursulines* à *Chinon*, les *Hospitalières*, à *Gomond*, s'ouvroient complaisamment à des prisonnières d'État qui souvent étoient des Messalines que des Vestales avoient ordre de surveiller et de servir.

C'est dans ces fosses religieuses que s'engloutissoient pour long-temps, pour toujours quelquefois, des jeunes gens dont le premier malheur a été leur éducation, qui sans avoir troublé l'ordre public par des délits, coupables de quelques infidélités, de quelques abus de confiance que dénonçoient leurs pères, n'avoient enfin rien fait qui les exposât à la sévérité des lois ; c'est là que des familles que les préjugés rendoient barbares, condamnoient à une mort lente ceux qui devoient expier leur vie en donnant l'exemple utile des échafauds. Mais il paroît que la fureur ou la démence étoit un prétexte qui valoit encore mieux que des raisons, lorsque la faveur vouloit servir la haine : et les bourreaux prenoient le masque hypocrite de la bienfaisance. Enchaîner ces malheureux, disoient-il, c'est leur ôter le pouvoir si dangereux de faire du mal ; et avec cette charité là ils remplissoient *Marville* de leurs bonnes œuvres. Ils y disposeroient encore des places, que je n'en publieroit pas moins hardiment le relevé de 1788.

Sans doute que le Roi et ses exécuteurs peuvent fournir à la justice qu'inquiète et effraye ce tableau, les interdictions que ces détentions supposent. Personne ne croyoit qu'il y eût tant de fous en France. Salomon l'a donc bien dit, *numerus stultorum est infinitus*.

Grand dieu ! comment Louis XVI qui a eu quelquefois des mouvemens de père, ne s'est-il jamais avisé de charger un de ses amis de visiter, avec la pitié et la probité d'un *John Howard*, toutes les citadelles où il savoit que régnoient seuls ses ministres ? Qu'avoit-il de mieux à faire que de s'informer où passoient les citoyens qui manquoient à la patrie, à qui il en devoit compte ? Comme il eût été étonné et affligé en apprenant qu'il y avoit dans ses états un antre de *Poliphéme*, que c'étoit à la Bastille que mourroient tous les jours, depuis trente ans, le janséniste le *Guay*, un comte de *Chavignes*, qui, pour avoir eu une dispute avec *Maurepas*, n'eut pendant onze ans, d'autre plaisir que celui de lire l'Encyclo-

INTENDANCE GÉNÉRALITÉ LORRAINE

ÉTAT des Personnes détenues, d'ordre du Roi, dans la Maison de Maréville, en 1788.

NOMS DES PERSONNES détenues.	DATE DES ORDRES.	NOMS des Ministres qui ont signé les Ordres.	INTENDANCES OU GÉNÉRALITÉS du domicile (des Personnes détenues / du lieu d'ordre concue).	MOTIFS DES ORDRES.	OBSERVATIONS.	NOMS DES PERSONNES détenues.	DATE DES ORDRES.	NOMS des Ministres qui ont signé les Ordres.	INTENDANCES OU GÉNÉRALITÉS du domicile.	MOTIFS DES ORDRES.	OBSERVATIONS.
Ceux ci-après sont détenus de l'ordre de feu le ROI DE POLOGNE.						Charles-Louis le Clerg	1 Juin 1777.	Amelot.	Châlons.		
Bourlier	24 Janvier 1765.	Renaut du Bray.	Nancy.	Nancy.	Imbécille.	André Viart, Recolet	20 Juillet 1777.	Le Prince de Montbarey.	Paris.	Paris.	
... Joyre, Prêtre	10 Mai 1765.	Renaut du Bray.	Metz.	Metz.	Fou par intervalle.	Antoine Guérin Dumesnil	6 Août 1777.	Bertin.	Châlons.	Châlons.	Mal-caduc.
Bovart, Prêtre, Curé	10 Mai 1765.	Renaut du Bray.	Metz.	Metz.	Imbécille.	Louis Chollet	30 Septembre 1776.	De Saint-Germain.	Nancy.	Nancy.	Démence et frénésie.
Et suivamment ceux qui sont détenus de l'ordre de SA MAJESTÉ.						Richard Bastien	5 Septembre 1777.	Le Prince de Montbarey.	Nancy.	Nancy.	
... Daubois	17 Février 1766.	Le Duc de Choiseul.	Metz.	Metz.		Jean-M. Philippe, prêtre	3 Novembre 1777.	Le Prince de Montbarey.	Metz.	Metz.	
... Saulnier	5 Août 1766.	Le Duc de Choiseul.	Nancy.	Nancy.	Fou.	Claude Mougeart	9 Février 1778.	Le Prince de Montbarey.	Nancy.	Nancy.	Imbécille.
	22 Août 1766.	Le Duc de Choiseul.	Châlons.	Châlons.	Fou.	Jean-Baptiste Jacobée	20 Mars 1778.	De Sartine.	Paris.	Paris.	Vaudent.
Hoffmann	15 Juillet 1767.	Le Duc de Choiseul.	Strasbourg.	Strasbourg.	Infecté.	Charle Lefevre, Cte. de S. Germain.	25 Mai 1778.	Le Prince de Montbarey.	Nancy.	Nancy.	Fou.
... Sionn	25 Juillet 1768.	Le Duc de Choiseul.	Strasbourg.	Strasbourg.	Infecté.	Adrien-Nicolas Bruder	24 Juillet 1778.	Le Prince de Montbarey.	Strasbourg.	Strasbourg.	Imbécille.
Vicomte de Lupi	10 Février 1769.	Phélipeaux.	Soissons.	Soissons.	Fou.	Antoine Pleffier	12 Octobre 1778.	Amelot.	Paris.	Paris.	
Chrétien	30 Juillet 1769.	Bertin.	Châlons.	Châlons.	Imbécille.	Sigisbert Leclerc	14 Novembre 1778.	Le Prince de Montbarey.	Nancy.	Nancy.	
... de Trélons	6 Juillet 1770.	Le Duc de Choiseul.	Châlons.	Châlons.	Imbécille.	Louis Pierre	23 Janvier 1779.	Le Prince de Montbarey.	Nancy.	Puy-de-Dôme.	Fou.
... César	5 Novembre 1770.	Le Duc de Choiseul.	Nancy.	Nancy.	Violent.	Haye Antonot	13 Mai 1779.	Amelot.	Orléans.	Blois.	
... Thouniin	9 Septembre 1771.	Monteynard.	Nancy.	Nancy.	Enfance.	Paillon	26 Mai 1779.	Le Prince de Montbarey.	Nancy.	Nancy.	
Baptiste Richard	26 Mai 1771.	Monteynard.	Nancy.	Nancy.	Violent.	De Mercy	10 Juillet 1779.	De Vergennes.	Besançon.	Besançon.	
... Amauteur	7 Novembre 1771.	Monteynard.	Besançon.	Besançon.	Infecté.	Bourfin	10 Août 1779.	Le Prince de Montbarey.	Strasbourg.	Strasbourg.	
... Riverton	23 Mai 1772.	Monteynard.	Strasbourg.	Strasbourg.	Démence.	Jean-Baptiste de Rodières	29 Août 1779.	Le Prince de Montbarey.	Strasbourg.	Strasbourg.	Infecté.
... Spoulnin, soldat	28 Juillet 1772.	Monteynard.			Fou.	Villaume	29 Août 1779.	Le Prince de Montbarey.	Nancy.	Charmes.	Démence.
... Pertin	28 Septembre 1772.	Monteynard.	Nancy.	Nancy.	Démence.	La Callaque d'Hautefeuille	19 Septembre 1779.	Amelot.	Paris.	Paris.	
... Benté, soldat	28 Février 1774.	Le Duc d'Aiguillon.	Strasbourg.	Strasbourg.	Frénésie.	Jean-Nicolas Crinque	1 Juin 1780.	De Vergennes.	Châlons.	Châlons.	
... Cajeran Hamming	9 Mai 1774.	Le Duc d'Aiguillon.	Strasbourg.	Strasbourg.	Imbécille.	Coqueret, Prêtre, Curé	18 Août 1780.	De Vergennes.	Soissons.	Soissons.	Infecté.
-Bapt. Triffon de Mouze, prêtre	28 Mars 1775.	Dumouy.	Strasbourg.	Strasbourg.	Infecté.	Alexis Leclercq, Bénédictin	3 Septembre 1780.	Amelot.	Besançon.	Besançon.	
... Thomas de Fauconcourt	15 Août 1775.	Le Maréchal Dumouy.	Nancy.	Nancy.	Enfance.	Bonvaux	30 Septembre 1780.	De Vergennes.	Châlons.	Troyes.	Fou par intervalle.
... Valentin	31 Janvier 1776.	De Saint-Germain.	Nancy.	Nancy.	Démence.	Joseph-Dominique Honellon	7 Octobre 1780.	Le Prince de Montbarey.	Nancy.	Épinal.	Violent.
... Charles de ...	28 Juillet	De Saint-Germain.			Démence.	Nicolas-Joseph Choual	28 Octobre 1780.	Le Prince de Montbarey.	Nancy.	Bruy.	

NOMS DES PERSONNES détenues.	DATE DES ORDRES.	NOMS des Ministres qui ont signé les Ordres.	INTENDANCES OU GÉNÉRALITÉS du domicile.		MOTIFS DES ORDRES.	OBSERVATIONS.	NOMS DES PERSONNES détenues.	DATE DES ORDRES.	NOMS des Ministres qui ont signé les Ordres.	INTENDANCES OU GÉNÉRALITÉS du domicile.		MOTIFS DES ORDRES.	OBSERVATIONS.
			des Personnes détenues.	du lieu présent.						des Personnes détenues.	du lieu présent.		
Ségrés	8 Mai 1781.	Le Maréchal de Ségur.	Nancy.	Nancy.	Démence.		Pierre Mathieu	19 Janvier 1787.	De Vergennes.	Châlons.	S. Dizier.		
Saint-Etienne . . .	5 Juin 1781.	Le Maréchal de Ségur.	Nancy.	Lunéville.			Henry Devalle	9 Février 1787.	Le Maréchal de Ségur.	Nancy.	Neufchâteau.		
....ant, Chanoine . .	30 Juin 1781.	Amelot.	Dijon.	Dijon.	Fou par intervalle.		Charles-François Debrouillé . .	13 Février 1787.	Le Maréchal de Ségur.	Nancy.	Nancy.	Insensé.	
...e François	27 Juillet 1781.	Le Maréchal de Ségur.	Nancy.	Nancy.			Dom Sautriflau R., Bernardin.	19 Mars 1787.	Le Maréchal de Ségur.	Châlons.			
....the , soldat . . .	12 Octobre 1781.	Le Maréchal de Ségur.	Inconnu.	Inconnu.	Fou.		L'Hermite , Prêtre , Curé . .	22 Avril 1787.	Le Maréchal de Ségur.	Nancy.	Nancy.		
.icolas de Beaufort .	8 Février 1782.	Le Maréchal de Ségur.	Nancy.	Nancy.	Fou.		Pierre-Raoul Pompone . . .	30 Avril 1787.	Le Baron de Breteuil.	Rouen.	Rouen.		
..h Louis Desbourn .	2 Avril 1782.	Amelot.	La Rochelle.	Marenne.	Insensé.		De la Vallée	1 Juin 1787.	Le Baron de Breteuil.	Paris.	Paris.		
...ard de Bragelone .	24 Mai 1782.	Le Maréchal de Ségur.	Nancy.	St. Michel.			Christian Poriot	19 Juin 1787.	Le Maréchal de Ségur.	Nancy.	Lunéville.		
..the Bruslet , prêtre	24 Juillet 1782.	Le Maréchal de Ségur.	Besançon.	Gray.			Leclate , Chanoine . . .	6 Juillet 1787.	Le Maréchal de Ségur.	Nancy.	Nancy.		
...-Hetmont of Demorcal.	26 Septembre 1782.	Le Maréchal de Ségur.	Besançon.	Dôle.			Cordonnier , Prêtre . .	26 Juin 1787.	Le Maréchal de Ségur.	Metz.	Metz.		
..e de Balenne . . .	14 Octobre 1782.	Amelot.	Paris.	Paris.			Charles-Armand d'Orvath. .	28 Septembre 1787.	Le Baron de Breteuil.	Châlons.	Vaucouleurs		
Lasosky	12 Avril 1783.	Le Maréchal de Ségur.	Nancy.	Nancy.	Insensé.		Jean-Michel Hartrich . . .	30 Septembre 1787.	Le Comte de Brienne.	Strasbourg.	Strasbourg.		
..rêtre , Curé . . .	25 Août 1783.	Le Maréchal de Ségur.	Strasbourg.	Strasbourg.	Démence.		De Meincy , Prêtre . . .	9 Octobre 1787.	Le Comte de Brienne.	Besançon.	Besançon.	Imbécille.	
Prevot , soldat. . .	3 Octobre 1783.	Le Maréchal de Ségur.	Inconnu.	Inconnu.	Démence.		Salems de Vaucignaul. . .	16 Décembre 1787.	Le Baron de Breteuil.	Paris.	Paris.		
. . . .	28 Septembre 1783.	Amelot.	Paris.	Paris.			Dom Tardif, Religieux Bernardin.	2 Février 1788.	Le Baron de Breteuil.	Moulins.	Auxerre.	Fou furieux.	
..enri Dardenes . .	24 Octobre 1783.	Le Maréchal de Ségur.	Nancy.	Nancy.	Insensé.		De Puylaye de la Coudrelle .	20 Avril 1788.	Le Baron de Breteuil.	Paris.	Paris.		
Noel , Dominiquin .	7 Janvier 1784.	Le Maréchal de Ségur.	Nancy.	Nancy.			Louis-Antoine Arnould . .	27 Avril 1788.	Le Baron de Breteuil.	Paris.	Paris.		
-Philippe de Culline .	3 Janvier 1784.	Le Maréchal de Ségur.	Nancy.	Nancy.			François Lalande . . .	8 Avril 1788.	Le Baron de Breteuil.	Paris.	Paris.		
.Louis Potunier. . .	28 Mars 1784.	Le Baron de Breteuil.	Paris.	Paris.	Imbécille.		De Vendote	11 Mai 1788.	Le Comte de Brienne.	Nancy.	Nancy.	Violent.	
.e Baronnières . . .	17 Juillet 1785.	Le Baron de Breteuil.	Tours.	Le Mans.	Fou. Violent.		Le Plounanu	27 Mai 1788.	Le Comte de Brienne.	Paris.	Paris.		
.Guédon	9 Octobre 1785.	Le Baron de Breteuil.	Paris.	Paris.			Duhous	24 Juin 1788.	Le Comte de Brienne.	Nancy.	Nancy.		
.Philipotau	14 Octobre 1785.	Le Maréchal de Ségur.	Nancy.	Nancy.	Démence.		Gépart Reffort. . . .	17 Juillet 1788.	Le Baron de Breteuil.	Dijon.	Beaune.		
..che Courtin	29 Avril 1786.	Le Baron de Breteuil.	Orléans.	Blois.			Charles-Antoine Konceray . .	4 Septembre 1788.	Le Comte de Brienne.	Paris.	Paris.		
Gabriel Humbert. . .	4 Juin 1786.	Le Maréchal de Ségur.	Nancy.	Remiremont			Jacques-Henry Maffon . . .	15 Septembre 1788.	Le Comte de Brienne.	Nancy.	Epinay.	Insensé.	
..icolas Maréchal . .	4 Juin 1786.	Gravier de Vergennes.	Nancy.	Morimond.			Henri Nigon	18 Septembre 1788.	Laurent de Villedeuil.	Paris.	Paris.		
Gantz , Bernardin . .	22 Août 1786.	Le Maréchal de Ségur.	Strasbourg.	Strasbourg.			Claude Clément	28 Septembre 1788.	De Lomenie C.te de Brienne.				
..e de Sury.	28 Novembre 1786.	De Vergennes.	Soleure.	Suisse.			Hubert de Salufon. . . .	31 Octobre 1788.	De Lomenie C.te de Brienne.	Besançon.	Besançon.		

pédie ; les *Pellifery*, les *Condamine*, qui rêvoient encore le bien, même dans leurs cachots ; le comte de *Solages*, qui a été une des conquêtes du 14 juillet ; le bigame, marquis de *Beauveau* ; le galant dom *Evrard*, la cuisinière *Gothon*, la marchande de modes *Sando*, le marchand de musique *Nicolas Jolivet*, pour avoir répandu une nouvelle de perruquier ; l'abbé *Riguet*, pour avoir suspendu à la grille qui empêche le peuple de baiser la statue d'Henri IV, des branches d'olivier et de laurier, garnies de ruban bleu et blanc ; le consul de Tripoli, *Pierre Texier*, pour avoir tenu, on ne sait quel propos, dans une auberge de Lyon ; le frotteur de M. d'*Angiviller*, parce qu'un de ses camarades avoit volé des tableaux à son maître ; l'avocat *Blonde*, pour avoir démasqué un commis de M. Turgot, le trop riche de *Vaines* ; le chevalier de *Saint-Sauveur*, pour avoir manqué à la sentinelle d'un café ; *Jean-Baptiste Prot*, laquais qui fut pris pour un colporteur, parce que la veuve *Boivin* lui écrivoit : envoyez-moi ce que vous savez bien, on attend après. (C'étoit un petit pot de graisse qu'elle lui demandoit). M. *Bourdon-des-Planches*, pour avoir donné un projet de la *réunion des postes aux chevaux aux messageries* ; *Rubigny de Berteval*, tanneur, ce père de cinq enfans, pour avoir prouvé que la marque des cuirs avoit fait perdre à l'Etat plus de cent soixante millions ; *Guillaume de Bure*, le d'Assas de la librairie ; l'abbé *Jabineau*, pour avoir introduit dans Paris les remontrances du parlement de Rouen sur le troisième vingtième ; M. *Guignard*, pour avoir écrit que le commis Dufresne étoit le fils d'un laquais etc. ! Le Roi ne connoissoit aucun des assassinats que commandoient ses ministres au Lieutenant de police. Est-ce lui, juste et bon, comme il l'est, qui eût laissé trois mois sous des voûtes de bronze, ce *Brissot de Varville*, dont le défaut est celui du sévère *Caton*, la passion de la vertu, qui avoit pour répondans en France, les *Rousseau*, les *Dupaty*, les *Servan*, et dont M. *Mentelle* vouloit prendre les fers ; et en Angleterre les *Kirwan*, les *Maty*, les *Magellan*, les *Priestley* : le gendre de Miss *Dupont*, qui avoit toujours trouvé que les livres valoient mieux que les hommes, ne devoit pas être mis sur la même ligne que le Marquis de *Pellepore* qui avec autant d'esprit que de tempérament, n'aima que les femmes et les plaisirs ; qui, élève de l'Ecole militaire, passa d'un régiment à l'Abbaye, et après avoir abusé de tout ; Officier à l'île de France, vint en Suisse faire une éducation, se lia avec une très-honnête femme de chambre qui, l'*Héloïse* à la main, crut avoir trouvé un St. Preux, l'épousa et la quitta ; passa à Londres, où instituteur de *Chelsea*, et traducteur de *Lavater*, il imagina pour derniere ressource le *diable dans un bénitier* ; qui par ses larmes comme par ses talens, intéressa assez l'obligeant et sensible *Brissot*, pour que ses services parussent des confidences : ce qui les fit soupçonner tous deux d'avoir fait les *Passe-temps d'Antoinette* que ne firent ni l'un ni l'autre, et que peut-être ne fit personne, quoique tout le monde en ait parlé. Quoique *Anne-Gédéon de la Fite*, avec la croix de Saint-Lazare, n'ait pas eu toutes les qualités du *patriote*, il n'en a pas moins à se plaindre des *Vergennes*, des *Lenoir* qui lui ont fait son procès sur un a, un o, et un u, qu'un *Morande* disoit être de lui dans une épreuve des *Petits Soupers* ; et du barbare *Longpré* qui, en le chargeant de chaînes, lui disoit qu'il falloit avoir des *poignets plus minces* (1). Je suis sûr que le Baron de Bre-

---

(1) Cette capture a coûté 7,997 livres.

teuil a cru faire oublier toutes ces horreurs lorsqu'il donna 300 liv. de secours à la très-estimable mère de ses enfans, qui toujours chérie de son ancienne maîtresse, Madame du *Peyron*, à Neuchâtel, trouva à Paris le chevalier *Pawlet*.

Un Roi, l'ami des hommes et des lettres eût-il confondu avec un *Jaquet* qui vendoit des libelles à Paris, comme *Locuste* vendoit des poisons à Rome, l'abbé *Duvernet* qui, principal des colléges de Vienne et de Clermont, quelque temps même curé, avec un bénéfice et une rente sur l'hôtel-de-Ville, que lui procura l'éducation du jeune comte de *Saint-Simon*, estimé des *d'Argental*, des *Duséjour*, du Président de *Bonneil*, enfin, de *d'Alembert*, préparoit dans les bibliothèques publiques, cette *histoire de Sorbonne*, où les censeurs *Suard* et de Vozelle l'accusèrent de prouver que le fanatisme est né de la Théologie; que toutes les extravagances, depuis le douzième siècle, comme tous les crimes de la superstition, même la Saint-Barthelemy, ont été professés par des Docteurs: *cette vie de Voltaire* que les mêmes censeurs trouverent cynique, parceque la philosophie y secouoit un peu le bonnet quarré des *Bernis* et des *Séguier*; parce que le chevalier de Rohan y étoit traité d'*usurier*, et le ministre de France à Berlin, d'un *chargé d'affaires*, nommé *Valory* : ces *dîners*, et ces *homélies* de M. Guillaume, et *Rudebec* et *Rabache*, où la raison prenoit le masque et les grelots de la folie, pour parler plus à son aise de l'excommunication des comédiens, du célibat des prêtres, et des protestans ? C'est au milieu de ses travaux utiles, que fut arrêté celui qui avoit déja imprimé que tout peuple qui a bien voulu être libre, à toujours fini par l'être ; que l'insurrection des Américains étoit d'un bon exemple pour l'Europe ; que toute société mal gouvernée étoit en droit de se régénérer quand elle le pouvoit sans beaucoup d'inconvéniens, et que l'homme de lettres, citoyen, devoit braver la Bastille ; l'impitoyable *Lenoir* l'arracha aux *Lafisse*, *Mertrude*, *Rapau* et *Brasdor*, au moment où ils délibéroient, en désespérant d'un malade dont le fondement s'échappoit sept à huit fois par jour, s'ils ne cautériseroient pas les schirres dont étoient couvertes ses hémorroïdes, ou s'ils brûleroient l'ulcère intérieur avec la pierre infernale.

Il me semble que je ne dormirois plus, si c'étoit moi qui, le 19 juin 1781, eusse fait conduire à la Bastille, ce bon abbé de *Cardonne*, parce qu'un *des Brugnières* assûroit qu'il avoit surnommé dans un café le comte de Maurepas le *vieux singe* ; ce prêtre de 64 ans, qui, sans rancune, lorsqu'on lui signifia de sortir du royaume, offrit toute sa fortune à M. Lenoir, c'est-à-dire, deux recettes, dont celle-ci contre l'apoplexie d'humeur, étoit à ses yeux un trésor.

Une dose de thériaque. . . . . 6 f.

Un grand verre de vin rouge, du meilleur, par-dessus.

Entre la thériaque et le verre de vin, prenez une demi-once de salpêtre en masse, que vous casserez sous la dent, et que vous avalerez comme du sucre d'orge, entre cette première prise et la seconde, il faut laisser un jour d'intervalle, et pendant les trois jours ne prendre que des bouillons.

Puis il se recommandoit aux prières des Lenoir, de Chenon et de Desbrugnières.

Est-ce bien le *restaurateur de la liberté* qui a signé cette lettre de cachet ?

DE PAR LE ROI.

Il est ordonné aux sieurs Fery de partir aussi tôt que le présent ordre leur aura été notifié, pour se rendre dans la ville de Pezenas,

Pezenas, sans qu'ils puissent en désemparer sans permission, et sous leur soumission de ne révéler, en aucun temps et en aucun lieu, ce qu'ils ont déclaré verbalement au sieur Lieutenant-général de police, et dont il a été rendu compte à Sa Majesté ; le tout sous peine de désobéissance contre lesdits sieurs Ferry, lesquels feront au bas du présent ordre leur soumission de s'y conformer sous les peines y portées.

Fait à Versailles le 2 mai 1784.

LOUIS.

Le baron de BRETEUIL.

L'abbé Ferry et Etienne Ferry ont promis de... non, ils n'ont rien promis : ils peuvent parler. M. le maréchal de Duras, M. le duc d'Aumont, madame la duchesse de Valentinois, le docteur Piquet doivent m'entendre. Il paroît que le baron de Breteuil avoit des remords, quand il écrivoit à Lenoir, le 20 mars 1785 : je joins ici, Monsieur, une lettre que je viens de recevoir du sieur abbé Ferry : sa position paroît bien affligeante. J'espère que vous ne différerez pas de venir à son secours, si vous ne l'avez déja fait, en lui envoyant très-promptement l'argent qu'on doit vous avoir remis pour lui ».

Pour soulager mon coeur, que je lise du moins, *une grace*.

Mons Delaunay,

Je vous fais cette lettre pour vous dire de mettre en liberté le sieur Bernard que vous détenez par mes ordres dans mon château de la Bastille.

Sur ce, je prie Dieu qu'il vous ait, Mons, en sa sainte garde.

Ecrit à Versailles, ce 14 septembre 1787.

LOUIS.

Le baron de Breteuil.

Eh quoi ! c'est la même main qui, le même jour, relégua en Provence ce jeune précepteur, dont le crime étoit d'avoir tracé ces lignes de feu dans un de ces accès où Hercule est plus foible qu'Omphale, Agamemnon que Briséis, Antoine que Cléopâtre. « J'étois si troublé hier, mon adorable Mimi, quand je reçus tes reproches, que je ne répondis pas à la moitié de ta lettre : je ne m'occupai que de ce qui nous regarde. Les autres ne sont rien auprès de toi : mais enfin je la relis cette lettre qui m'assure que tu m'aimes ; je la baise à chaque instant, je la sais par cœur ; elle m'accompagne partout : je crois être avec toi : c'est une douce illusion qui charme l'absence. Ah ! que de mauvais momens elle me cause ! Jamais, non, jamais, je ne la sentis davantage. Mon Dieu ! comment en supporter une plus longue dans deux ans ! Quand j'y pense, mes forces m'abandonnent ; je desire presque la mort : la vie, sans toi, me paroît insupportable : dans mon désespoir j'invoque la fin de *celle de ton époux*, de mon *élève*, pour ne plus quitter Paris. Ma raison est perdue, je le sens. Voilà ce que mes premières lettres s'efforçoient vainement de te cacher. Je ne puis être heureux qu'avec toi, et je puis à peine te posséder ! Va, crois-moi, sois plus sage, aime moins ton amant qu'il ne t'aime, tu serois trop malheureuse : cette ivresse est le poison des cœurs sensibles. Sois heureuse ; mon sang couleroit pour te préserver de tous les maux que les obstacles de nous voir me font éprouver. Tout l'enfer est dans mon cœur. Oui, je voudrois être adoré de toi, être sans cesse à côté de toi comme une ombre protectrice et inséparablement attachée à ton cœur, et ne jamais te coûter une larme. Pourquoi le sort ne nous a-t-il pas rapproché il y a huit ans ! Non, il n'y avoit pas dans la nature un autre coeur pour toi. *J'assassinerois* celui qui en auroit la prétention insensée. A mille lieus nos ames s'entendroient ; sur mille femmes, mon coeur te distingueroit, le tien m'appelleroit. Tu le sais, il ne s'est jamais démenti, le mien ; la tendresse l'a formé elle-même pour toi, pour toi, l'idole la plus chère que jamais aucun mortel n'ait eue et n'aura jamais. Oui, ton image adorée est toujours présente a mon esprit. Le sommeil me la retrace, le jour m'en rend inséparable. Ma pensée et toi n'êtes plus qu'un. J'envie les momens où l'insomnie peut me permettre d'être tout à toi, de te voir, d'être à tes pieds. Ma bouche fixée sur la tienne te dit que je t'aime. Je crois être sur ton sein, près de ce coeur dépositaire de nos feux, ce coeur si bon, si fait pour l'homme noble et sensible. Je l'entends, je le sens palpiter sous ma main amoureuse. Oui, dans dix jours il me récompensera de toutes mes peines. Confondu avec le mien, il me rendra tout l'excès de mon amour. Que de délices, ma chère Mimi ! Ah ! elles ne sont que pour la tendresse. Qu'il est doux d'aimer et d'être aimé ! Non, je m'égarois ; la vie me devient plus chère. Aime-moi comme je t'aime. Rien n'est plus consolant. Aime-moi, écris-le moi cent fois, dis-le moi à chaque minute. Dès que le coeur cesse de battre, il cesse d'aimer. Il n'existe que par ce sentiment brûlant que les hommes corrompus et légers ignorent. Il m'anime, moi, il me soutient. Dans ma retraite, jamais je ne suis seul. Aime-moi bien, songe que ma vie dépend de ton amour, qu'en naissant la nature a mis mes jours dans tes mains, qu'elle te dit : il mourra, quand tu cesseras de l'aimer ou de le lui dire....... etc. etc. ».

On n'a pas le coeur mauvais, quand on sait si bien sentir ; et madame la comtesse de *Sabran*, ne devoit pas plus craindre pour les jours de M. son fils, qu'elle craignoit pour elle-même, lorsqu'un amant à ses genoux, en transport, la menaçoit de se pendre. Les amoureux ne font pas ni tout ce qu'ils veulent, ni tout ce qu'ils disent.

La police qui savoit bien qu'elle n'avoit pas trop le droit de renfermer un homme, parce que dans le printemps de la vie il avoit cette fièvre que donnent les molécules organiques, feignit, pour rassurer sa conscience, qu'il avoit blasphêmé le parlement, dans l'affaire des trois *roués*.

Elle avoit toujours des torts à prêter à ceux qui n'en avoient pas assez. Sans doute ce n'étoit pas un innocent que ce M. de *Latour* qui, fou des cartes comme des femmes, datoit, en 1776, un billet à mademoiselle *Montauban*, du mois de juillet 1783, pour éluder la loi qui lui refusoit le droit de se ruiner. Mais y avoit-il là de quoi le faire arrêter à Genève, et conduire, par la maréchaussée, à Saint-Lazare, le 10 février 1777; le transférer le 12 juillet 1778, à la Bastille, où le gouverneur Launay, parce qu'il étoit le frère d'un Evêque, le neveu de M. d'Aligre, et le parent de M. Amelot, le promenoit avec lui dans la ville, et lui céda sa maîtresse, Madame Tessier, en lui promettant de lui meubler un appartement, rue Saint-Antoine, vis-à-vis celle du Jour; et, quand ils ne purent plus être heureux tous les trois, s'étant fait un ennemi de son géolier à croix de Saint-Louis, être traîné sous des chaînes au couvent de la Charité; delà à Château-Thierry, le 6 septembre 1781, d'où il s'évada le 10 avril 1782, quoiqu'il eût été mis dans une cage; delà au Mont-Saint-Michel, le 27 mai

1783, d'où il se sauva la nuit du 9 au 10 juin 1784; de quoi enfin être encore écroué dans les prisons de Saint-Florentin, d'où il s'arracha encore, jusqu'à ce qu'enfin son père, Premier Président du Parlement d'Aix, retira sa malédiction.

C'étoit toujours à cette Police qui tranchoit tout avec le sabre des Houzards, que s'adressoient les familles, lorsqu'elles s'impatientoient ou se méfioient des formes lentes de la loi. Au mois de février 1783, le Fermier-Général, Chalut, ayant découvert par les yeux de son secrétaire, Petry, que le neveu de sa feue femme avoit signé pour lui un testament qu'il n'avoit pas fait; le neveu d'une dame de Nollent avoit dénoncé au Châtelet cette scène renouvellée du *Légataire*, et M. de *Jean* fut décrété comme M. de la *Corée*. Mais dans la crainte que l'Avocat *Grouber* de *Groubental* ne parvint à faire purger ce *décret*, il parut plus sûr au plaignant de porter ce procès à la Bastille : et c'est alors que des oncles maternels, de *Varanchan*, *Chalut-de-Verin* et de *Souligné*, que des cousins, de *Montcloux*, le Marquis de *Sabran* et le comte de *Lussan*, assistés du Procureur *Boudot*, déclarèrent, pour obtenir l'interdiction de celui qui demandoit ses *comptes*, que le Chevalier de Jean, à qui il ne reste plus que 100,000 liv. en contracts, en doit plus de 250,000 ; que forcé de quitter tour-à-tour la légion de Corse, les Carabiniers et le régiment du prince de Poix, il avoit été, jeune encore, consigné par ses parens, à Armentières et à l'Abbaye ; que sous prétexte d'entrer au service d'Espagne, il étoit passé à Madrid avec une dame Madriaga qu'il avoit enlevée et disoit être sa femme ; que réfugié en Hollande dans une maison de la Haye, il avoit séduit une jeune femme qui étoit sur le point de quitter sa mère et son mari, pour le suivre. etc. etc. Sur ces accusations appuyées de toutes les preuves qui ne manquoient jamais à des Fermiers-Généraux, le prisonnier, sans pouvoir se défendre, fut frappé d'une interdiction ; et quand Marie Ferdinand Grouber-de-Groubental, que ses projets sur les finances honoroient plus que son titre d'*écuyer*, s'éleva contre la sentence, on lui apprit, dans la deuxième *tour du Puits*, qu'un Avocat au Parlement ne doit pas se mêler des affaires des autres.

S'étant apperçu de toutes les ruses qu'employoit le Chevalier de Jean, qui, tantôt décolloit la touche d'une guittare ; pour avoir un prétexte de l'envoyer à un luthier, qui eût trouvé des lettres dans le manche ; tantôt faisoit passer à son voisin, le Marquis de Sades, qui recevoit quelquefois la visite de sa femme, un almanach royal dont l'épaisse couverture recéloit des papiers ; quelquefois bouroit de petits billets le bouchon creux d'une bouteille ; le Gouverneur, Delaunay, dans la crainte que la réputation de la Bastille, d'où un Ange n'auroit jamais tiré Saint-Pierre, fût compromise, demanda que celui à qui la solitude sembloit donner le génie de Robinson, fut transféré aux îles Sainte-Marguerite. Ce vœu étoit sans doute celui de toute la famille : et au bout de cinq jours le jeune homme étoit déja à *Orange*, où le célèbre Desbrugnieres appella la maréchaussée à son secours, qui, touchée de compassion, se prêta au passage de deux lettres écrites avec son sang, une pour la comtesse de Sabran, l'autre pour M. de Varanchon. Il disoit à sa sœur : ,, Envoye-moi de l'opium, si tu ,, as pitié de ton malheureux frère ,, Ce Prométhée nouveau, qui n'avoit pourtant pas volé le feu du ciel, fut attaché sur ce rocher à trois-quarts lieues de la terre, élevé de cent pieds de la mer qui, toujours furieuse, semble vouloir le renverser. La fenêtre de sa chambre, profonde comme le mur qui a dix pieds d'épaisseur, avoit trois grilles de fer l'une sur l'autre, à trois pieds de distance. Chaque grille a quinze lignes d'épaisseur et forme un carré d'environ cinq pouces : chaque carré est en sens contraire de celui qui est vis-à-vis : par conséquent, le dernier forme un carré très-petit.

Le Chevalier de Jean, fier de se mesurer avec le malheur, reçut (seroit-ce de la providence ? elle les lui devoit :) des scies pour limer ce fer éternel : et déja il avoit fait une corde de soixante pieds avec ses draps de lit, ses chemises et ses bas de soie, qu'il avoit trouvé le moyen de cacher sous les carreaux de sa chambre : découvert, il soutint derrière sa porte, un siége de trois jours, pendant lequel il mangea son chat ; et ce n'est qu'après s'être convaincu de la folie de son projet, en essayant de descendre son effigie en paille, couverte de ses habits, que des coups de fusil criblèrent, qu'il se rendit.

Le Chevalier de Mongrand, son géolier, a prétendu que des négocians de Nice avoient reçu de Hollande la commission de dépenser jusqu'à 15 mille francs pour le tirer de ses mains, et qu'il a vu plus d'une fois un bateau l'inviter par des signes à nager jusqu'à lui. N'étoit-ce pas pour se faire un mérite de n'avoir pas gagné lui-même ses quinze mille francs ? Il en avoit un qui ne devoit point échapper à la reconnoissance de ses commettans ; c'étoit d'avoir, par un abandon barbare, épuisé toutes les forces de celui dont le courage bravoit toutes les épreuves du malheur. Le certificat du médecin du fort est un hommage rendu au régime homicide des maison royales.

« Monsieur de Jean de Mainville que nous venons de visiter dans les cachots de l'île Sainte-Marguerite, où il est détenu depuis environ cinq mois, est tourmenté nuit et jour des douleurs vagues qui parcourent toute l'habitude de son corps ; indépendamment de cela, les extrémités supérieures, ou pour mieux dire, les articulations du bras et de l'avant-bras, tant droit que gauche, sont abreuvées, engorgées et douloureuses, au point qu'il ne peut pas souffrir le plus petit contact. Il y a une douleur fixe, continuelle aux vertèbres lombaires, qui s'étend jusques sur l'os *sacrum*, à raison de quoi il ne peut se remuer qu'avec beaucoup de peine et avec douleur. Le système nerveux est tellement affecté, que les extrémités tant supérieures qu'inférieures, sont dans un tremblement continuel : on y observe même, par fois, quelques mouvemens convulsifs. Le malade se plaint encore des vertiges, des douleurs gravatives à la tête, et de quelque sentiment douloureux au fond de l'orbite. Son estomac est absolument perdu. Il vomit habituellement les alimens qu'il prend. La langue est chargée, pateuse. La nature de la fièvre paroît lente. Sa constitution qui nous paroît avoir été bonne et robuste, est totalement dégénérée ; son visage pâle et bouffi.

Pour remédier à l'état fâcheux de ce prisonnier, il faut attaquer la cause du mal. Quelle est-elle ? Nous ne saurions la reconnoître que dans l'air humide, méphitique du cachot, dans lequel il est renfermé ; et pour s'en convaincre, il n'y a qu'à examiner l'exposition et l'état du lieu. Les jours et les ouvertures étant à l'est et au nord-est, les vents qui soufflent toujours humides dans ces contrées, y portent avec les exhalaisons de la mer un humide qui y reste et n'en sort plus ; aussi les meubles sont-ils toujours mouillés et moisis, les murs imprégnés d'une efflorescence saline; de plus, les exhalaisons méphitiques, putrides, alkalines des latrines, toujours poussées par le vent, dans l'intérieur du cachot, en rendent l'air épais et sans ressort. Tout le monde connoît le pernicieux effet qu'un pareil air enfermé produit sur l'économie animale : aussi est-ce de là que dérivent les maux dont le prisonnier est affailli et dont nous venons de faire le tableau. Nous nous dispenserons d'en faire l'application aux symptômes du mal : le peu de temps que nous devons rester ici, nous donne à peine le loisir d'écrire ce mémoire.

Le traitement dont M. de Jean de Mainville a besoin, seroit à pure perte et sans effet, tant qu'on ne remédiera pas à la cause du mal ; ainsi, avant toutes choses, nous sommes d'avis que le prisonnier soit placé dans un appartement bien aëré ; 2º. qu'il ait la liberté de pouvoir se promener et faire de l'exercice au moins dans la place; 3º. qu'il prenne ses repas dans un air libre et sain ; rien ne trouble plus les digestions que le mélange d'un mauvais air avec les alimens ; 4º. que ces alimens ne consistent qu'en viande blanche, moutons, veau, agneau, poules, poulets, volaille, certaines qualités de poisson, légumes, végétaux farineux, etc. Nous entrerons dans ces détails dans une seconde visite que nous ferons au prisonnier, auquel nous tracerons le régime qu'il doit suivre, et les alimens qu'il doit rejeter et éviter. C'est alors aussi que nous lui prescrirons les médicamens dont il a besoin, et qui ne doivent rouler que sur quelques purgatifs doux, bouillons de tortue avec un jeune poulet, altérés par les plantes propres à son état et à l'irritation du genre nerveux, bains, petit-lait, lait, etc. Par tous ces divers moyens, nous nous flattons de faire disparoître les maux dont M. de Jean de Mainville est assailli ; sans cela il est certain que ces maux deviendront pires et les suites fâcheuses et sinistres.

Pour le présent, que Monsieur s'attache à corriger, autant qu'il est possible l'air méphitique de son cachot, en y jetant plusieurs fois du jour du vinaigre, et sur-tout aux latrines ; qu'il tienne, ainsi qu'il fait, son cachot propre et bien balayé ; qu'il couvre un peu plus son corps et sur-tout la nuit ; qu'il place son lit de manière qu'il ne touche point au mur ; qu'il boive d'une ptisane faite avec les feuilles d'oranger ; qu'il mêle par fois à un verre de sa ptisane, quelques gouttes d'éter absorbées dans un petit morceau de sucre ; qu'il ait une petite bouteille d'alkali fluor, pour en porter l'odeur au nez ; qu'il tâche d'avoir autant qu'il sera possible, de l'eau fraîche, et qu'il n'en boive plus, une fois qu'elle aura séjourné trop long-temps au cachot ; qu'il prenne garde de toucher à cette eau saumatre qu'il m'a fait goûter ; qu'il mange des soupes de pain, et des semences farineuses ; des potages aux herbes, oseilles, bourrache, laitue, chicorée, endive, pourpier, courge, cerfeuil, etc. ; carottes, et comme il vomit les alimens, il les prendra en fort petite quantité et fort légers ; et attendu que la langue est chargée, pâteuse, il ne manquera pas de se purger avec la médecine suivante : demi-once polipode de chêne, demi-gros de rhubarbe concassée, deux gros follicules de séné, deux onces mannes de Calabre. Il ne touchera jamais ni au pain, ni aux alimens qui pourroient lui rester du matin au soir, ni du soir au matin. Tout ce qu'il boira ou mangera doit être nouvellement apporté du dehors et ne pas séjourner longtemps dans l'air du cachot. Il seroit à propos que Monsieur fît usage aussi de temps à autre de quelques prises de quinquina à la dose de deux gros, bouilli dans une décoction de feuille de chicorée amère de jardin.

Pour ce qui est de l'état de l'esprit, il doit autant qu'il sera possible se distraire et ne s'arrêter que sur des objets qui puissent l'amuser et le faire espérer.

Délibéré aux îles Sainte-Marguerite le vingt-trois juillet 1784. Signé ISNARD.

Ce certificat que dicta l'humanité, fut envoyé au Parlement, qui ne trouva pas même là, une occasion de dénoncer au Seigneur-Roi, l'abus sacrilége que faisoient de sa main des Ministres à qui il confioit son tonnerre. La Police se crut la charité de Saint-Vincent de Paul, en rappelant le Chevalier de Jean à la Bastille, où M. Varanchan lui payoit avec plaisir une pension de 3,000 liv. pour qu'on ne lui donnât à dîner que par un trou ; et ne se donnoit pas la peine de lui répondre, même quand il offroit à prendre sur les 25 livres destinées à son entretien, les 12 francs qu'il avoit toujours donnés à sa nourrice, par mois.

Il paroît pourtant, car il faut rendre justice au Ministère, que si le jeune de *Villeman*, c'est le nom qu'imagina de lui donner l'anagramiste Launay, avoit voulu consentir

consentir à passer en *Russie*, comme l'y engageoit sa soeur le 7 février 1784, et son oncle, le 5 janvier, ou à donner une procuration générale pour ses affaires, comme l'y exhortoit dans le même tems l'abbé Gibelin, qui, son précepteur, étoit devenu l'ami de madame de Sabran, il auroit eu sa liberté aux mêmes conditions que Melchior-François de Bullio de la Corrée, qui s'engagea à passer dans l'Inde pour obéir à monseigneur le baron de Breteuil.

Sur la fin de son règne, ce baron *tonnelier* ne prenoit plus la plume que pour signer des *ordres*. Le conducteur de la diligence de Reims a déposé, rue Satory, à Versailles, un paquet dont il ne connoissoit que l'adresse : -- il ira à la Bastille. Un étudiant en droit reçoit une lettre anonyme, par laquelle il est prié de retirer ce paquet qu'il n'a pas demandé. -- Il ira à Charenton.

C'est lui qui, le 5 septembre 1787, fit arrêter Jean Joseph Enzenou, chevalier, seigneur, comte de Kersalaun, parce qu'il arrivoit de Troyes. On trouva sur lui quelques lettres de Messieurs du Parlement, une entre autres de M. de Saint-Vincent, qui demandoit son *bonnet de laine*. Il étoit venu offrir au gouvernement un projet sur l'isle de Madagascar, de former des alliances avec tous les princes de la partie de l'est de l'Afrique, et avec une partie des princes de l'Asie, jusqu'au golfe Persique. C'étoit donner la clef de toutes les mers de l'Inde. Il eût plus gagné à chercher celle de la Bastille. Un an avant qu'elle fût trouvée, le 14 juillet 1788, le baron de Breteuil fit encore prendre d'un seul coup de filet le comte de la Fruglaye, le marquis de Montluc, le marquis de Tremergat, le marquis de Carné, le comte de Chatillon, le vicomte de Cicé, le marquis de Bedée, le comte de Guer, le marquis de la Rouerie, le marquis de la Feronière, le comte de Netumieres, le comte de Bec-de-liévre-Peinhoët, qui tous avoient le caractère sacré de députés de la Bretagne. D'autres accoururent pour voir si la Bastille pourroit contenir toute leur province. C'étoient les présidens de la Houssaye et de Talhouet, les conseillers de grand'chambre, de Ksalaun, Duboisbaudry, de Mucé, de la Bourdonnaye, de Lucinière, le Président des enquêtes, de Combles, du Bouettiez, de la Bintinais, de la Noue, de l'Esgueru, et enfin le procureur-général de Caradeuc. Pour cette fois, c'est M. de Villedeuil, qui, avant que de faire sa prière du soir, signa treize ordres pour arrêter les magistrats aux barrières et les déposer à la Bastille ; treize ordres au gouverneur pour les recevoir ; treize ordres pour les transférer aux châteaux et citadelles de Ham, Calais, Montreuil-sur-mer et Doullens ; treize ordres pour décharger de leurs personnes M. Delaunay ; et treize ordres aux autres gouverneurs de les recevoir : et après avoir marqué tous ces logis, le ministre-fourrier s'endormit dans le Roi, comme s'il avoit fait de bonnes actions.

Les lieutenans de police exécutoient toutes ces viles commissions avec la docilité d'un soldat à l'exercice qui épie le mot *feu*. Une carte, un signe, valoient à leurs yeux une lettre de cachet, et plus d'une fois ils se soumirent à ne voir ni à interroger le prisonnier qu'ils avoient fait. Les ministres, par reconnoissance, abandonnoient souvent à leur discrétion une affaire importante ; comme M. de Vergennes qui écrivoit à M. de Crosne, le 24 janvier 1786 : « Les parens de Jean-Claude Fini demandent que ce scélérat soit renfermé à perpétuité dans une maison de force. Je ne puis que m'en rapporter à vous sur ce que les circonstances peuvent permettre pour éviter à une famille nombreuse et que l'on dit honnête, le déshonneur qu'elle n'a que trop lieu de redouter ». Si cet *Hyppolite Chamorand* n'avoit que soustrait onze manuscrits à la recherche de Morande, la punition étoit horrible. Mais elle n'étoit qu'illégale, s'il a commis à Londres le vol atroce dont le récit effrayera encore la postérité dans le *gazetteer* du 31 octobre 1785, comme le prouve la restitution de 5475 liv. qu'a faite à l'infortuné Mackay, la femme de ce scélérat. M. de Crosne, en déposant, sans forme de procès l'un à Bicêtre, l'autre à la Salpétrière, leur laissa des droits à la société. Marie-Barbe en abjurant le calvinisme, trouva sa grace aux pieds de l'archevêque, et *Fini-Chamorand* promène dans le monde sa figure que doit trahir par tout la tache de vin qu'il a sur une joue. C'est un homme de cinq pieds huit pouces, les épaules effacées, les cuisses longues. Son oeil hagard est couvert d'un sourcil brun et épais. Il en coûta pour l'arrêter à Paris 1110 liv. : son poignard et ses pistolets exigeoient des forces et des précautions. Il possède différentes langues. On trouva dans ses papiers un projet d'aller à la tête de quelques aventuriers, former dans une des îles de la mer du Sud, un empire qui seroit appelé l'empire de Circassie. Tout est prévu dans ce rêve, jusqu'à la formule du diplôme qui doit fixer le pouvoir de l'empereur, et aux marques de souveraineté qu'il doit porter. Les propositions qu'il a faites depuis à la Police, de chercher tous les ouvrages contraires à la religion, et de découvrir le comte de la Mothe, prouvent qu'il a renoncé à l'ambition d'être roi de Circassie.

Les ministres laissoient encore au magistrat le plein-pouvoir de régler le prix des denrées à la Bastille : aussi M. le marquis Delaunay se plaignoit-il très-souvent à lui de la cherté des vivres, l'assurant toujours qu'il ne vouloit rien gagner, qu'il ne vouloit que ne pas perdre ; et après avoir gémi sur la dureté des tems, il rappeloit les années heureuses où, dans l'affaire du Canada, le marquis de Vaudreuil et M. Bigot payoient vingt livres chacun ; MM. *Peau*, *le Mercier*, *Boishebert*, *cadet*, *Denoyan*, *Desmesloises*, *Devassan*, *Perrault* et *Breard*, quinze livres ; Dans l'affaire de Pondichéry, M. de Lally, cent-vingt livres ; Peau et Gatteville, quinze livres ; la marquise de la Roche, douze ; Chapenay, de la Bellangerais et Deboisbilly, dix ; et dans l'affaire de Bretagne, le comte de Lauraguais, vingt livres ; de la Chalotais, Kersalaun, de Caradeuc, de la Facherie, de Reme, de Montreuil, de la Collemière, douze livres ; de Chaùvalon, quinze ; Voy-1ie, Derique, Neremand, Cambernon, Legrand de Campeaux, dix livres ; en 1768, le prince de Courlande, vingt-quatre livres ; d'Estouilly, douze ; et Poncet de la Rivière, dix ; en 1769, Messieurs du conseil supérieur de Saint-Domingue, Gressier, Marcel, Taveau de Chambrun, Leger, de Champremeaux, Letort, Colhun de Long-près, de Fourcq, Jauvin, Maignol, et de Long-près de Baziliers, huit livres ; en 1770, Billiard, Tournefort et l'abbé Grisel, dix livres, &c. Le traiteur Launay, en habits brodés, en talons rouges, jusque dans son carrosse, crioit misère ; et il ne fallut rien moins pour le consoler qu'un pensionnaire comme le cardinal de Rohan. Il avoit pourtant acheté sa place fort cher, et il eût encore trouvé à la vendre davantage, même dans la matinée du 14 juillet. S'il vivoit encore, je lui demanderois pourquoi les prisonniers soutenant de leurs mains une tête brûlante, l'oeil toujours fixé sur l'aiguille lente du tems, ne trouvoient pas même dans leur poudreuse bibliothéque un livre qui pût rafraîchir leurs pensées et leur sang. Est-ce que M. de Breteuil ne lui avoit pas permis, le 22 décembre 1786, d'employer chaque mois cinquante francs à son entretien ? C'étoit assez pour que je ne fusse pas condamné, pendant mon séjour chez lui, à lire trois fois la bible qu'on peut bien se passer de savoir par cœur.

Si de ce temple que le despotisme auroit desiré bâtir tout entier sur des crânes d'hommes, je passe au donjon de Vincennes, que m'y montrera la police ? un père Ange-Reboul, qui s'étoit pourvu au Parlement contre ses supérieurs qui l'envoyoient par obédience au couvent des carmes de Moulins, et contre l'ordre du Roi, qui sanctionnoit l'obédience ; un Laroche-Gerault, natif de Galles, que le marquis de Bonnac, ambassadeur à la Haye, avoit fait arrêter à Amsterdam, comme auteur de la *Voix des persécutés*, qui déplaisoit à la Pompadour ; un Louis Marchal, garçon chapelier, arrêté à Middelbourg, pour avoir écrit au comte d'Affry qu'il avoit entendu dire dans un cabaret, à un ivrogne, qu'il vouloit qu'on parlât plus de lui un jour que de Damiens ; un chevalier de Langourla, dont quatre lettres anonymes avertissoient la Pompadour que le duc d'Aiguillon la détrôneroit ; un Suisse du canton de Fribourg, Thorin, qui disoit avoir vu en songe madame de Foncemagne, qu'il avoit servie, lui dire : *vous assassinerez le Roi, je vous sauverai, et vous resterez sourd et muet jusqu'à ce que tout soit accompli* :

Un Camille Constance de Mercourt qui, *petit-père*, ensuite soldat, devint garde du Roi en Prusse, d'où il sortit après avoir fait un enfant à la nièce du chancelier, et enfin dévôt, vint de lui-même déclarer à M. de Sartines, qu'il étoit toujours tenté de toucher à l'*Oint du Seigneur* ; un Jean-Charles-Guillaume le Prévôt, pour avoir composé un *Traité de Famine*, qu'il étoit dans l'intention de faire passer au Roi, par les mains de madame Adélaide, qui le recevroit de celles du prince de Conti ; un *Tilloy des Noyettes*, pour avoir signé en avocat un mémoire qu'improuve le Conseil supérieur ; un Guidel, cuistre du collège de Beauvais, qui donnoit de faux avis contre les Jansénistes.

Ce sont pourtant là les compagnons qu'avoit en 1777, le comte de Mirabeau, cet élève des deux plus grands maîtres, l'amour et le malheur ; dont les passions ont servi de prétexte aux tyrans, pour persécuter son génie; qui toujours fier, toujours libre, parce qu'une prison ne pouvoit rien sur ses pensées, nouveau Samson, n'eût pas craint de secouer des colonnes sur sa tête, pour effrayer des philistins; dont le caractère mâle a peut-être décidé les destinées de la France, et à qui enfin il falloit, pour qu'il pût supporter des Rois, la constitution et Louis XVI.

Sa famille lui payoit 1800 liv. de pension, en disant qu'il lui étoit *cher*.

Il avoit pour voisin ce marquis de Sade, à qui il ne reste plus que des crimes pour titres de noblesse; qui cruel comme un Charolais, libertin comme un Fronsac, n'échappa au supplice d'un comte d'Hornes, qu'en se cachant le 30 octobre 1763 à Vincennes; le 18 novembre 1763 au château de Chaufour; le 16 avril 1768 au château de Saumur; le 27 à Pierre-en-Cise; et le 2 juin 1768 ramené à la Conciergerie, ses parens qui lui payoient par-tout 2400 l. de pension, le firent reconduire le 17 à Pierre-en-Cise; exilé à la Coste, le 22 novembre 1768, il revint à Vincennes le 13 février 1777, et le 29 février 1784, à la Bastille, et enfin en juin 1789, à

Charenton, d'où le fit sortir un *décret* qui n'étoit pas fait pour lui.

Et toi, victime sacrée, que couvre enfin de ses pleurs un peuple qui a rougi de tes fers, comme tu rougissois des siens; toi que je croirois avoir vécu dans le siècle des Phalaris, si je ne t'avois serré sur mon sein; toi qui, bientôt pensionnaire d'une nation souveraine, devrois appendre ton échelle aux voûtes du sanctuaire de la liberté, comme les chrétiens que des ministres de Dieu ramènent de Maroc ou de Tunis, suspendent leurs chaînes dans les églises; ô Latude! tu étois là, dans ce tombeau qui n'avoit pas sept pieds et demi de longueur, sur moins de six largeur.

Si ce Dieu qui n'a pas encore puni tous tes bourreaux, sans doute parce qu'il est éternel, te retirant dans ton cachot son souffle protecteur, t'eût rappellé trop tôt vers lui; au lieu de cette *histoire* touchante, qui sera lue par-tout où il y aura des hommes, il ne resteroit de toi à la postérité, que cette note infidelle, que je découvre dans le martirologe de Vincennes.

OBSERVATIONS.

Noms et motifs.

Dates d'entrée.

« Le sieur Jean Danry a été employé dans les campagnes de Flandres, en 1747 et 48, en qualité de garçon chirurgien. Se trouvant à Paris au mois de mars 1749, âgé de vingt-deux ans, et réduit à une extrême misère, sans argent et sans ressources, il avoit prié sa mère, résidente en Languedoc, de lui faire passer quelques secours : la réponse qu'il en reçut n'ayant rien de satisfaisant, il étoit prêt à se livrer au désespoir, lorsqu'il lui vint une idée de se faire auprès de madame de Pompadour un mérite d'un avis qu'il se proposa de lui donner et d'exécuter. En conséquence, il imagina d'acheter une petite boîte, de mettre dans le fond quatre de ces petites bouteilles que les marchands de baromètres vendent aux enfans, et qui crèvent dans la main, et d'adopter à chacune un bout de fil ; ensuite il les couvrit d'un mêlange de poudre à poudrer, d'alun et de vitriol en poudre. Il ferma la boîte et lia les quatre bouts de fil, de façon à ce qu'elle ne puisse s'ouvrir sans faire peter

A la Bastille le premier mai 1749.

Transféré à Vincennes le 28 juillet 1749.

Evadé le 25 juin 1750.

Réintégré à la Bastille le 30 juin 1750.

Evadé la nuit du 25 au 26 février 1756.

Arrêté en Hollande, en juillet et en août suivant, et ramené à la Bastille.

Transféré à Vincennes le 15 septembre 1764.

Evadé le 23 novembre 1765.

(60)

Rattrapé à Fontainebleau, et réintégré à Vincennes le 17 décembre 1765.

Transféré à Charenton le 27 septembre 1775.

les petites bouteilles, et produire une explosion plus effrayante par la fumée que dangereuse par l'effet. Il mit cette boîte dans une autre, sur laquelle il écrivit : *je vous prie, Madame, d'ouvrir le paquet en particulier.* Il fit ensuite une enveloppe en papier et l'adressa à *madame la marquise de Pompadour, en cour.* Il porta ce paquet à la poste le 28 avril 1749, à 8 heures du soir, partit pour Versailles, y arriva à minuit, et ne pouvant parler à *madame*, il dit à son valet-de-chambre qu'il venoit le prévenir qu'elle recevroit une boîte contenant un poison subtil ; qu'il en avoit entendu le complot formé aux Tuilleries par deux particuliers. Il fut arrêté et conduit, le 29 avril 1749, par le sieur Vinfrais, chez M. Berrier, qui l'envoya à la Bastille. Il peut avoir de quarante-huit à quarante-neuf ans, et a beaucoup coûté au Roi par ses évasions ».

Qu'il y a loin de cette froide apostille au récit déplorable du prisonnier de 35 ans, qui *Danry* à Vincennes, *Danger* à Charenton, et *Jedor* à Bicêtre, moins pour avoir donné une fausse inquiétude à l'auguste fille du boucher des invalides, que pour avoir dit qu'elle n'étoit ni *jolie* ni *neuve*, a subi de son vivant toutes les peines d'un damné ! Il est très-vrai que la rancune d'une poupée royale a coûté à la France deux cents dix-sept mille livres, que n'a pas mangés ce M. *Masers*, puisqu'il a eu long-tems pour cuisinier celui de M. Rougemont, dont le bon mot a été plus d'une fois cité en cour : si on nourrissoit les prisonniers avec de la paille, je leur donnerois de la litière : et celui-ci qui n'est pas moins heureux : si je croyois qu'il restât une goutte de jus dans leur viande, je la mettrois sous mes pieds, et je l'écraserois pour l'en faire sortir.

C'est de cette viande qu'une main avare servoit, en 1779, à M. Baudoin de Guemadeuc, qui avoit eu pour plus de cent quatre-vingt mille livres de charges au grand conseil, une de grand référendaire, et une de maître des requêtes ; qui, quoiqu'il n'eût jamais reproché à la mère de ses enfans que de jouer la comédie comme madame *Laruette*, et sa folie pour les *poufs*, et le *prune de Monsieur*, se la vit arracher par son beau-père Darlincourt, sous le prétexte d'inconduite, au moment où la mort de madame de Cuisi l'appeloit au tiers d'une succession de cinq millions ; et qui, ne voulant pas signer des arrangemens prémédités avec la soumission d'un aveugle, fut relégué par M. Amelot chez les Cordeliers de Tanlay, où, avec une culotte et une veste de Nankin et une paire de souliers pour quinze mois, il étoit résigné à se faire capucin, ne fût-ce que pour avoir des livres.

De tous les Lieutenans de police, c'est M. Lenoir qui fit de plus fréquentes visites au donjon de Vincennes : c'est qu'il alloit souvent dîner à Nogent. Lorsqu'il y passa, le 25 mai 1779, il n'eut que le tems de voir M. le comte de Mirabeau et Goupil. M. le gouverneur l'étourdissoit d'honneurs et de complimens, et avoit attention qu'il ne fût jamais seul, pour que jamais il ne pût entendre de plaintes, de murmures, contre un *cantinier* qui lui payoit douze livres par pièce de vin. Il ne falloit pas qu'il sût qu'il levoit sur le cafetier un impôt de cinq cents livres ; sur celui qui vendoit le beurre, les œufs et le fromage, un impôt de trois cents ; que le porteur d'eau avoit acheté un privilège exclusif ; que le boucher ne lui vendoit que cinq sols six deniers la viande que les pauvres du village payoient sept ; et que le carrosse public étoit obligé de lui abandonner tout son fumier. Qu'auroit cependant pu dire de ces trafics honteux un magistrat mercenaire qui avoit su tirer parti, même de la *lune*?

Ces monopoleurs ne prenoient pas moins les plus scrupuleuses précautions pour qu'un captif ne mourût jamais sans confession ni sacrement : on lui rendoit les derniers devoirs, c'est-à-dire qu'il étoit mieux traité à sa mort que pendant sa vie. Le moindre enterrement étoit de trente-six livres ; il étoit de cinquante écus, quand le chapitre assistoit en corps ; et de soixante et quinze livres, quand il n'y avoit qu'une partie de *messieurs*. Tous se faisoient entre minuit et une heure. Mais il paroît que la police n'étoit pas si exacte à les payer qu'à les commander ; car le curé Arrault se plaint, le 12 février 1755, de ce qu'elle lui doit encore les honoraires de celui de Joseph-Henri Tocsini de Flambermont, ancien grand prévôt de Senlis, fait le 22 février 1735. La police avoit du crédit jusque dans l'église !

Que ne puis-je, avant que d'achever une des plus tristes tâches dont se soit jamais chargé un homme de lettres, jeter encore un coup-d'œil dans les archives du despotisme ! je verrois au Fort-l'Evêque le colporteur de l'Isle qui a vendu quatre exemplaires du *Traité de la tolérance* ; à Charenton, ce chevalier de Saint-Louis, ce capitaine de grenadiers dans le régiment de Picardie, M. Grenot, qui, avec beaucoup d'esprit et le bon ton, n'avoit que la folie de se croire un dieu, tournant le dos au prêtre pendant l'élévation, parce qu'il ne pouvoit pas souffrir de se voir manger tout vivant ; à Bicêtre, des enfans accablés de tous les maux de la misère, qui, trop pauvres pour n'être pas encore honnêtes, sont mis à côté d'un scélérat criblé de vingt-huit procès criminels, qui ne manque jamais de dire aux nouveaux venus : je brûlerois la cervelle à celui qui se flatteroit d'être plus coquin que moi.

Étoit-ce dans le repaire des vices et des crimes que l'inspecteur *Lescaze* devoit déposer, le 17 octobre 1788, Jean-Nicolas Guillaume, fils d'un serrurier ? Il n'avoit que treize ans, et on l'accusoit d'avoir dégalonné le dedans d'une voiture, sous une remise : sa liberté est un de mes doux souvenirs. Dans ce bon tems, où j'avois tant de peines, c'étoit dans les prisons que je me délassois, et il n'a pas tenu à moi que je ne m'y enfermasse pour interroger et connoître tous ces hommes dont les fautes accusent moins la nature que le gouvernement
sous

sous lequel ils vivoient, distinguer ceux à qui il n'a manqué que la force de résister à la contagion des exemples, de ceux qui, par des penchans dépravés, se sont fait une habitude d'être méchans, et montrer enfin la verge d'un juge à ceux que ne pourroit plus toucher la main d'un père.

Monseigneur le Garde-des-sceaux, qui étoit encore Monseigneur l'archevêque de Bordeaux, se plaignit quelquefois à moi de mon indulgence pour cette classe abjecte, que ses commis appeloient une horde de voleurs ; et à peine ce chef de la justice me sut-il gré d'avoir rendu à la loi le trop célèbre Musquinet de la Pagne que le despotisme avoit forcé de demander, comme une grace, le droit de se faire pendre.

Comment un ministre, qui ne voyoit rien par lui-même, parce qu'il suffisoit à des ministres qu'ils parussent tout faire, pouvoit-il trouver mauvais que je rendisse à ses parens François Paradis, qui, enfermé comme fol en 1784, m'a fait passer en 1790, avec le témoignage de l'économe lui-même, la preuve qu'il n'a jamais donné aucune marque de folie ?

Si, comme sa *Grandeur*, je m'en étois rapporté à des registres que rédige l'insouciance des bureaux, j'aurois cru que *Louis Blanchard* étoit flétri de la lettre V; et ce n'est pas la seule calomnie dont des citoyens puissent demander vengeance à la police. C'est elle qui, le 8 juin 1788, fit déposer dans une des salles pestiférées Jean-Charles Desserville, que cherchoient et regrettoient ses père et mère; et le 21 février 1790, M. *Hagnon* ne put me trouver sur aucun de ses gros livres les motifs de sa détention. Il manquoit aussi beaucoup d'*ordres* en forme. Quand M. de *Crosne* envoya par l'inspecteur Lehoux, le 9 janvier 1789, Michel-Etienne Duchesne, il annonçoit un *ordre du Roi*; et le 14 février 1790, le Roi n'avoit pas encore signé cet *ordre*, lorsque je donnai le mien pour que ce garçon-couvreur, que l'on disoit avoir volé un mouchoir, rentrât dans sa famille, que cautionnoit le district du *Val-de-Grace*. Quelquefois un commissaire, de sa *certaine science* condamnoit aux loges un avocat de Nancy, Nicolas Dour, qui professoit le jour le latin, l'allemand et l'italien, et que quatre témoins assurèrent à M. Guyot être fou la nuit. Il étoit parent de M. Davrange, commis au bureau de la guerre, qui écrivoit froidement en 1778: «J'ignore absolument le parti qu'on peut prendre, le sieur Dour n'ayant aucune espèce de fortune ».

Je ne sais si le père Joseph, ce capucin qui traitoit Richelieu de poule mouillée, en imaginant les lettres-de-cachet, a prescrit aux Rois des formules différentes. Le style de Bicêtre n'est pas celui de la Bastille.

DE PAR LE ROI.

CHERS ET BIEN AMÉS, envoyant en notre maison de Bicêtre le nommé Fontaine de Brassines, nous vous faisons cette lettre pour vous dire que notre intention est que vous ayez à l'y recevoir et détenir en toute sûreté et aux frais de sa famille pendant un an ; et la présente n'étant pour autre fin, nous ne vous la faisons plus longue ni plus expresse ; n'y faites donc faute, car tel est notre plaisir. Donné à Versailles le 14 septembre 1768. *Signé* LOUIS, et plus bas le BARON DE BRETEUIL, chargé par intérim du département de la guerre.

On ignore encore pourquoi ce garde-magasin, chargé des acquisitions des hôpitaux de l'armée de Rochambeau en Amérique, a été amené par la maréchaussée de Nantes à Passy, de Passy à l'hôtel de la Force, et de la Force à Bicêtre.

Que d'âneries, que d'injustices, que d'homicides j'aurois à dénoncer si, quand j'avois l'honneur d'être le représentant du peuple, il m'eût été possible, sous le poids des affaires, de dépouiller à la mairie tous ces dossiers clandestins que M. le Chauve, qui croyoit avoir en mains le repos de la France, déroboit à l'œil profane de la nouvelle administration. C'est là où j'ai trouvé le bonheur et la fortune d'une famille entière. Mes larmes coulent, quand je pense à ce moment délicieux où le bon-homme Lathuile, à genoux dans mon cabinet, prioit Dieu pour moi, parce que je cherchois, pour les lui donner, des pièces qui lui avoient coûté son honneur et sa liberté. Mais c'est M. Laval qui doit recueillir toutes ces bénédictions ; ce procureur estimable, qui l'a reçu, soulagé et défendu avec tout le zèle que la vertu doit à l'innocence. Ciel ! il falloit une révolution pour connoître tous ces faits !

M. Bergeray, avocat, qui vendoit à Paris du lait suisse, avoit escroqué, en janvier 1774, à Lathuile, nourrisseur de bestiaux, à Clichy, un bien de 50,000 liv. pour 18. (Il rapporte 4000 livres.) Un procès au Châtelet, deux mois après la vente, avertit la justice de ce vol. Ce procès devint un procès criminel par l'expulsion militaire, par le coup de fusil du 10 mai de la même année. Bergeray, inquiet comme Damoclès, pour se détourner du glaive qui le menaçoit, imagina, en 1774, une de ces querelles que les loups cherchent aux agneaux, au tribunal de cette police, qui ne reconnoissoit encore que la loi du plus fort.

Le 3 mai 1775, le moulin Davaux avoit été pillé à Montmartre par des brigands que soulevoit la probité de M. Turgot : le 10, le ministre méconnu prouva ce qu'il étoit par une amnistie générale.

Mais le 4 juillet, Durocher qui avoit été inspecteur avant que d'être exempt de maréchaussée à Passy, pour reconnoître quelques avances de Bergeray, commande à ses cavaliers, Lombard et Amelin, un rapport où ils devoient dire qu'on leur avoit dit, que le 3 mai Lathuile et sa femme avoient emporté des sacs de farine et de pain, et que la toile leur avoit servi à faire des guêtres.

Du moins ne falloit-il pas choisir un jour où l'un étoit au cabaret et l'autre malade... et cent certificats de probité...! et enfin l'amnistie !

N'importe : Bergeray écrit lui-même de

sa main un mémoire que rédige Durocher, et il est adressé à **M. Albert**, pour que l'homme et la femme soient enfermés à Bicêtre *pour toujours, comme chefs de bande*. Ce mémoire est renvoyé à Durocher, qui comme juge de Clichy informe, le 21, *rédige* les dépositions et les fait signer par ceux mêmes qui avoient signé le mémoire. Ils sont accusateurs et témoins.

Cette information passe sous les yeux d'un Beaumont, inspecteur de police, qui doit voir et penser comme son confrère ; et le 15 novembre, en attendant les *ordres* qu'il n'obtint que le 26 du ministre que deux suppliques importunèrent, il vient, à la tête de douze espions, enlever pendant la nuit Lathuile : on le traîne à Mousseaux, chez Lanoue ; et ces deux citoyens, arrachés de leur lit, sont précipités par le commissaire Thierion dans le cachot le plus profond du Châtelet. Soixante jours sont passés, et personne ne les interroge. Enfin le ministre envoie Lathuile à Bicêtre. Les malheureux n'ont point d'amis, et Lathuile en avoit encore qui s'indignent, qui murmurent. Durocher, qui craint de trop fixer l'attention, fait commuer la peine en un exil à vingt lieues de Paris. C'étoit assez pour lui ôter les moyens de poursuivre son affaire contre Bergeray : et pour couvrir ce bannissement du 13 janvier 1776 de quelques formes hypocrites, le commissaire Sereau fit une nouvelle information le 15 février ; et fort de la persévérance des cinq parjures, par son rapport du 11 mars 1776, il dédaigne, il écarte seize témoins appuyés sur cinquante-deux certificats honorables. « *Lathuile a bien mérité l'ordre qui le bannit ; mais, vu son procès, il seroit possible de ne pas l'éloigner tant de Paris* ». Lui, sa femme et ses enfans iront gémir à quatre lieues de leurs foyers et de leur pain, jusqu'à ce que leur ennemi puissant soit parvenu à gagner son procès à ces cours vénales, qui offroient à la mauvaise-foi la ressource de plaider : c'étoit une de ses spéculations les plus sûres. Le 16 mai 1776 Bergeray conquit, par ses infâmes et sourdes menées, le droit de fouler d'un pied hardi, avec son complice, toutes ces terres qu'avoit si long-tems arrosées de ses sueurs l'infortuné Lathuile. C'est à M. Laval à le faire rentrer sous ses toîts héréditaires ; et par l'amas des arrérages, ce pauvre homme, qui a eu besoin, pour ne pas se désespérer, de la religion des simples, peut retrouver au bord de son tombeau 60 à 80 mille francs.

DE LA POLICE
SUR
LES JEUX.

IL est bien loin ce siècle de Saturne, où les hommes ne jouoient qu'aux noix. Quand les plaisirs deviennent des besoins, ils sont bientôt des passions; ils sont bientôt des crimes: et c'est envain alors que la religion menace les sots et les fols qui risquent de perdre l'argent qu'ils ont pour gagner celui qu'ils n'ont pas, d'être condamnés par *Eaque*, à ramasser sans cesse des dez qui s'échappent d'un cornet sans fonds.

Il fallut à la Grèce, toute la force d'un peuple libre, pour que Périclès pût bannir les joueurs de la République. Les Athéniens qui crurent de l'intérêt commun de protéger les patrimoines, s'engagèrent à dénoncer tous ces voleurs heureux. A Rome, ils perdoient ce titre qu'ambitionnoient les Rois, le titre de citoyen. La loi ne veilloit plus sur eux ; elle abandonnoit même les fripons à la fureur des dupes.

Il n'y a que la France qui, parce qu'elle a été si souvent gouvernée ou par des *Claudes* ou par des *Sardanapales*, peu inquiète si ses enfans se déshonoroient ou se ruinoient, les laissoit exposer leur fortune comme leur réputation, aux dangers et aux malheurs du hasard. Ce n'est que là que des ministres frivoles, insoucieux sur la ruine des familles, ont pu rire d'un mendiant décoré, qui à genoux dans leur antichambre, sans rougir de sa misère, leur crioit : « ayez pitié d'un homme qui a vécu plus qu'il ne croyoit : et leur montrant trois as : « auriez-vous passé avec cela ? » Ce n'est que là, que des commis, éternellement assis comme Thésée, pour se consoler du lourd collier des bureaux, proposoient un pharaon à un noble d'Auvergne, qui pleurant son régiment et son château, n'avoit plus que sa femme à mettre sur une carte.

C'est M. de Sartines, dont le valet-de-chambre a eu jusqu'à 40 mille livres de rente, qui, le premier, sous le prétexte spécieux de rassembler tous les chevaliers d'industrie qu'il devoit connoître, a fait ouvrir dans la capitale, ces cavernes séduisantes où la seule loi étoit, en se demandant la bourse, de ne point s'arracher la vie : et comme l'or ne coule jamais si bien que dans la main des femmes, elles lui achetèrent le privilège des tapis verds. On imagine bien de quelle classe étoient celles qui destinoient leurs nuits à des escrocs. C'étoit une *Lacour*, fille du laquais du président d'Aligre, qui l'avoit créée et mise au monde pour les menus plaisirs de son maître. C'étoit une *Demare*, qui servante de cabaret, avoit pris de bonne heure, le goût de tenir table ouverte. C'étoit la *Cardonne*, blanchisseuse de Versailles, qui mère à treize ans, après avoir demeuré long-temps, ou sur des chaises d'allées, ou dans des fiacres, devint le bras droit d'un parlement. C'étoient les *Dufresne*, qu'une bouquetière de Lyon étala long-temps comme des fleurs, et qui se vendoient comme des violettes, dont l'aînée sur-tout, la Dryade des Tuileries, persuada à la Vrillière, impuissant comme son père, que de ses regards il lui avoit fait trois ducs.

Ces présidentes de *biribi* n'avoient que la peine de bercer les victimes, et elles en partageoient les dépouilles avec leurs bourreaux.

Honteux du produit de ces assassinats domestiques, M. Sartines eut l'idée hypocrite, pour paroître les expier, de fonder des hôpitaux. C'étoit un voleur qui vouloit faire l'aumône à ceux à qui il avoit tout pris. La renommée eut ordre de publier ses charitables intentions, et M. le Noir se fit une gloire de continuer ses bonnes oeuvres. Toute la Cour voulut y concourir : et l'on vit des baronnes, des marquises qui n'avoient rien à elles, pas même leurs charmes, solliciter de ces tripôts de bienfaisance ; mais pour couvrir leur nom et leur indigence, une main invisible tenoit leur banque. C'étoit toujours un homme qui n'avoit rien à perdre que de l'argent, qui s'engageoit à ce combat d'un seul contre tous, combinant sa richesse sur les débris de la ruine commune. On auroit cru qu'il sentoit tout le poids du mépris public, puisqu'il ne s'y dévouoit que par l'espérance de gains énormes. C'étoient les

 Dufour, rue neuve des Mathurins.
 Amyot et Fontaine, rue de Richelieu.
 Deschamps, faubourg Saint-Germain.
 Nollet, rue de Richelieu.
 Andrieu, au Pont-aux-Choux.
 Chavigny, rue Montmartre.

Delzene, rue Plâtrière.
Pierry, rue de Cléry.
Barbaroux, rue des Petits-Pères.
Herbet, au Café de la Régence.
David et Dufresnoy.
Odelin, rue neuve des Petits-Champs.
Latour, rue Feydeau.
Bouillerot, à l'Arche-Marion.
Boyer et Remy, rue de Richelieu.

Presque tous étoient des valets, qui les derniers des hommes après leurs maîtres, du derrière d'un carrosse avoient passé dedans, en évitant la *roue*. Leur chef étoit M. Gombaud, qui, comme caissier général, tenoit dans son hôtel des assemblées que les *Nivet* et les *Rafiat*, ne tenoient que dans les bois (1).

---

(1) Du moins auroient-ils dû être soumis à cette loi des Egyptiens.

Ceux qui voudront être voleurs, se feront inscrire chez le capitaine des voleurs, lui rendront compte chaque jour de tous les vols qu'ils auront faits, dont il tiendra registre. Ceux qui auront été volés s'adresseront à ce chef, lui déclareront le jour, l'heure et l'espèce du vol, et après cette déclaration le registre des voleurs leur sera communiqué, et si ce qu'ils revendiquent s'y trouve, il leur sera rendu à l'exception d'un quart qui leur sera retenu par

C'est par eux que circula une épidémie qui dessecha toutes les ames ; par eux , des jeux de société , où des parens , des amis , par occasion , sans intérêt , souvent ne trouvoient dans une partie que le moyen de se débarrasser de la conversation des sots , se changèrent en des sociétés de jeux , où ne s'assembloient que des hommes qui eussent rougi de se connoître : tantôt chez la dame de *Selle* , rue Montmartre , tantôt chez la dame de *Champeiron*, rue Cléry : aujourd'hui chez la dame *de la Sarre* , place des Victoires , demain chez la dame de *Fontenille* , cour de l'Arsenal , tous les jours chez la *Forceville*. Aucune d'elles ne le cédoit ni au comte ni au marquis *de Genlis* , (1) ces détrousseurs de la place Vendôme ,

---

forme de récompense ; étant plus avantageux dans l'impossibilité où l'on est , d'abolir totalement le vol , de retirer par cet expédient une partie des choses volées que de les perdre en entier.

(1) Je ne sais si ce n'est pas dans leur société que M. de Vaudreuil , impatienté de voir le très-riche et le très-élégant *Delsene* soutenir bon un coup qui ne l'étoit pas , lui dit : Monsieur , j'ai vu un tems où vous étiez plus accommodant. (Il avoit été son perruquier).

et de la rue Bergère, ni au comte de *Modène*, ni au chevalier *Zéno*, ambassadeur de Venise, qui avoit osé corrompre jusqu'à cette classe du peuple que le travail avoit toujours éloigné des mauvais lieux, en lui destinant, pas loin de ces superbes sallons, où d'imbécilles courtisans se laissoient égorger par leurs *femelles*, un antre parsemé de piéges qu'ils appelloient l'*enfer*.

C'est de cet *enfer* qu'en 1781, sortirent tant de banqueroutes. Tout le commerce fut ébranlé. Enfin le parlement qui pour être plus qu'un Roi, se crut toujours quelque chose, ce parlement dont les hautes destinées sembloient être de ne brûler que des livres, fut enfin forcé par les murmures d'une nation qui ne savoit pas encore commander, de conjurer le plus dangereux des fléaux. Il mande à sa barre le lieutenant-général de police, et cette providence de Paris trembloit déja quand elle aperçut l'auguste tournelle. Le sénat de Rome qu'admiroit tant *Cynéas*, valoit-il les chambres assemblées, sur-tout les princes et pairs y séant ? M. le Noir parla, mais en homme qui craignoit d'en dire trop comme d'en dire trop peu. L'avocat-général qui voyoit par-tout le dessous des *cartes*, employa le moyen le plus sûr de fixer son auditoire, en prouvant que le triste inconvénient du jeu est *de réduire les citoyens de toutes les classes à une honteuse égalité, de confondre tous les rangs et de les corrompre l'un par l'autre....* Qu'on ne nous dise pas, ajoutoit-il, qu'il doit être indifférent à l'état de voir la richesse dans une main plutôt que dans une autre. Ce malheureux système, enfanté de nos jours, et peut-être trop accrédité, sera toujours repoussé du sanctuaire de la justice.... Peut-il être indifférent à l'état et au souverain, que les grandes maisons tombent dans l'avilissement ? Il est des noms auxquels le soldat est accoutumé d'obéir, que les officiers respectent, que les princes entendent avec plaisir. Il est des noms que l'église appelle à ses dignités, que la justice s'honore de posséder dans la magistrature.... etc. ” Et l'orateur fixoit ses regards honnêtes, sur les *Condé*, les *Fronsac*, les *d'Aligres* et les *Fleury*, et il se cherchoit lui-même. Ce n'étoit ni un M. *Degourgues*, ni un M. *Nouet*, tout sorciers qu'ils sont, qui pouvoient prévoir que le temps n'étoit pas loin où personne n'oseroit porter ni la robe d'un Séguier, ni la soutane d'un Rohan Lamotte.

La cour faisant droit aux bonnes raisons

de son avocat-général, parce que, sans doute, elle lui en supposoit de meilleures, n'en fit pas moins très-expresses inhibitions et défenses à toutes personnes de quelque condition qu'elles soient, de tenir et de jouer aucun des jeux dont les chances sont inégales, condamnant les *banquiers* au fouet et au carcan, enjoignant aux propriétaires de ne pas prêter leurs maisons, sous peine d'amende : ordre au magistrat, si des *personnes* de *crédit* et d'*autorité* lui demandoient des permissions, d'en référer aussitôt et directement à la cour, pour par ladite cour, y être pourvu ainsi qu'elle avisera. Cet arrêt si solemnel qui avoit été rendu plusieurs fois depuis Charlemagne jusqu'à Louis XIV, n'a fait que peur à la *belle*, comme j'ai pu en juger, par une conversation qu'eut un de mes amis avec un valet-de-chambre qui lui vendoit les audiences de son maître ; après l'avoir assuré que son confrère et lui, perdoient plus de 2000 l. par an, il lui apprit d'où partoit ce coup de tonnerre du parlement. L'inspecteur *Sarraire* avoit eu la maladresse de sévir contre une des maîtresses du président d'Aligre, qui n'ayant obtenu un privilège que pour le jour de sa fête, ne vouloit plus le quitter, en disant
plaisamment

plaisamment qu'elle s'appeloit *Toussaint*. Au lieu d'un bon mot, que ne lui donnoit-elle ce que recevoient les *Bourgoin* et les *Janière*; celui-ci, sur-tout à qui la dame Raymond faisoit présent de quatre orangers et de deux grenadiers; le sieur Dupuy, d'une belle épée en argent, avec de l'huile de Provence; le sieur Charles, d'un fusil d'Espagne; le sieur Mille, du vin de Bourgogne, avec des bariques d'olives et d'anchois; le sieur Duval, une montre en diamans; la dame Savary, des liqueurs de Nancy, un perroquet et des manchettes: que ne lui envoyoit-elle des jambons de Bayonne, des dindes au truffes, du vin de Canary, et si elle étoit jolie, que lui eût-il coûté de le renvoyer content, sans même qu'il fût heureux?

Quand l'orage gronde, les loups même se cachent. Le calme renaît-il? on les voit, plus féroces, courir où la faim les guide. C'est l'image des joueurs qu'une police sans forces, quand elle est sans mœurs, ne peut ni corriger ni punir. Le magistrat que l'*arrêt* n'affligeoit pas moins qu'eux, les consolant par son indulgence complice, essaya peu-à-peu de mettre en régie leurs passions et leurs vices. Il choisit lui-même des fermiers qui lui assurèrent le cinq hui-

Tome II. F

tième dans les profits : et il n'y eut que *Charier* qui obtint un abonnement de 24000 liv. ; et encore comme il étoit protégé par ce Prince qui, sur les marches du trône, n'avoit appris qu'à manger un royaume, il eut pour 1800 et même pour 120000 liv., ce que payoit l'hôtel d'Angleterre jusqu'à 100000 liv. : encore sous M. de Crosne, les entrepreneurs furent-ils réduits au quart du gain. Voici le tableau de l'une des plus fortes maisons. Il sortoit de la poche de M. de Crosne, le jour où n'ayant plus de tête, il se sauva à Londres pour obéir à sa *chère mère*, qui craignoit que la *populace* ne lui demandât compte de tout le bien qu'il n'avoit pas fait.

ÉTAT des sommes exigées et perçues, tant par M. de Crosne, que par les Chefs de la partie de jeux sur les associés de l'hôtel d'Angleterre, à compter du premier Août 1785, jusque et compris 1788, suivant un registre par eux tenu mois par mois.

SAVOIR;

Six mois de 1785.

MOIS.	N°. I. LES PAUVRES.	II. Cinq huitième du reste net.	III. Retenues des honoraires du sieur Demazure, renvoyé.	IV. TOTAL.
		liv. s. d.		liv. s. d.
Aoust.	3000	2901 13 8	,,	5901 13 8
Septembre.	3000	3443 13 4	,,	6443 13 4
Octobre.	3000	8349 13 4	,,	11349 8 10
Novembre.	3000	9948 13 9	,,	12948 13 9
Décembre.	3000	8117 10 6	,,	11117 10 6
		TOTAL....		47761 ,, 1

ANNÉE de Janvier 1786.

Janvier 1786.	3000	8570 3	,,	11570 3
Février.	3000	5153 6 3	,,	8153 6 3
Mars.	3000	8414 16 6	,,	11414 16 6
Avril.	3000	8557 9	,,	11557 9
Mai.	3000	3313 17	,,	6313 17
Juin.	3000	1816 14	,,	4816 14
Juillet.	3000	2738 15	,,	5738 15
Aoust.	3000	2907 13	,,	5907 13
Septembre.	3000	3034 18	,,	6034 18
Octobre.	3000	7532 11 6	,,	10532 11 6
Novembre.	3000	6739 6	,,	9739 6
Décembre.	3000	9182 15 3	,,	12182 15 3
		TOTAL de 1786...		103961 10 9

Suite de l'État.
ANNÉE de Janvier 1787.

MOIS.	LES PAUVRES.	Cinq huitième du reste net.	Retenues des honoraires du sieur Demazure, renvoyé.	TOTAL,
		liv. s. d.		liv. s. d.
Janvier 1797.	3000	10181 4 6	,,	13181 4 6
Février..	3000	6286 9 3	400	9686 9 3
Mars...	3000	5424 16	200	8624 16
Avril...	3000	4246 17 9	200	7446 17 9
Mai.....	3000	1976 10	200	5176 10
Juin....	3000	526 5	200	3726 5
Juillet..	3000	1831 16 6	200	5031 16 6
Aoust ..	3000	2209 8 6	200	5409 8 6
Septembre.	3000	2903	200	6103
Octobre..	3000	10637 5 3	200	13837 5 3
Novembre.	3000	9865 3	200	13065 3
Décembre.	3000	8897 3 9	200	12097 3 9
			TOTAL....,	103385 19 6

ANNÉE de Janvier 1788.

Janvier 1788.	3000	9411 2 6	200	12611 2 6
Février.	3000	7685 16 3	200	10885 16 3
Mars.	3000	8386 8 9	200	11586 8 9
Avril...	3000	5307 10 3	200	8507 10 3
Mai.....	3000	234	200	3434
Juin.....	3000	576 10 6	200	3776 10 6
Juillet..	3000	525 7	200	3725 7
Aoust...	3000	52 4	200	3252 4
Septembre.	3000	216 7	200	3416 7
Octobre.	3000	6055 5 6	200	9255 5 6
Novembre.	3000	6790 17	200	9990 17
Décembre.	3000	3073 1 3	200	6273 1 3
			TOTAL....	86714 10

RAPPORT.
6 mois de 1785 ... 47,761 liv, s, 1 d,
Année.. 1786 ... 103,961 10 9
Année.. 1787 ... 103,385 19 6
Année.. 1788 ... 86,714 10
                   341,823   4

Au moment où je finis ce chapitre, les *sections* demandent un *décret* contre les plaisirs barbares du jeu. Une maladie morale ne se guérit pas toujours par des lois. La Virginie en a pourtant fait une qui a eu du succès.

Là les dettes du jeu sont déclarées nulles, et toute somme d'argent excédant 40 schellings, payée pour satisfaire à de pareilles dettes, peut être répétée par le payeur dans l'espace de trois mois, et après ce temps, par toute autre personne aux droits du premier payeur.

Mais c'est sur-tout aux citoyens honnêtes qui forment la ligue sur laquelle repose le bonheur public, à poursuivre partout, à écraser de leur opinion tous ces *égrefins* qui ne vivent que de leur langue *dorée*. J'espère bien, si jamais on lit à l'académie françoise un dialogue sur le *traitement* que l'on doit, dans la *société* aux gens *vicieux*, ne plus entendre applaudir ce vers :

Qui ne soupe à merveille à côté d'un fripon ?

LE JOURNAL
DE LA POLICE,
OU
LE TABLEAU
DES MŒURS.

Lorsque le libertin Sartine poursuivoit les citoyens jusques sous leurs toîts tutélaires, qu'il épioit même les secrets honteux de leurs nuits, ce n'étoit que pour égayer un roi, plus libertin encore, de toutes les nudités du vice; c'étoit pour fournir à son maître des exemples et des excuses, comme si son autorité et sa conscience en avoient eu besoin!

Quand j'ai ouvert le porte-feuille de la prostitution, je ne savois si je devois ou le brûler ou le lire, et ne cédant pas plus à ma curiosité qu'à mon indignation, je me suis dit à moi-même: voilà une occasion, un moyen que n'a jamais eu un peuple de connoître jusqu'à quel point peut se dépraver une ville qui, avec des lumières, n'a point de vertus. Il est bon de lui montrer ces hommes qu'elle croyoit des sages :

Cherchant, la bourse en mains, de beautés en beautés,
La mort qui les attend au sein des voluptés ;

Et peut-être que les fautes des pères ne seront pas perdues pour leurs enfans.

Cette idée seule a fait disparoître tous mes scrupules, et je me sens le courage de braver la colère d'une génération contemporaine, si en la peignant telle qu'elle est, je la force à préparer des hommes qui vaudront mieux qu'elle. Eh ! que ferions-nous de nos nouvelles lois, sans des mœurs nouvelles ?

Je ne me suis permis de changer, dans les rapports indiscrets et peut-être infidèles de la police, que le ſtyle, toujours monotone, quelquefois dégoûtant des *Inspecteurs*.

La *demoiselle Roze Alexandre*, de la Serre, en Bourgogne, d'une jolie taille, les cheveux bruns, les yeux noirs, la bouche grande, mais les dents belles, a appartenu à M. de Mortemart, qu'elle quitta, tout ri-

24 Août.

chement entretenue qu'elle étoit, pour suivre le mousquetaire Saint-Marre, en hôtel garni. Il ne lui fit que des dettes. Forcée d'entrer chez une femme du monde, elle y rencontra le chevalier de Courbe, qui, avec 4000 liv. de meubles la rendit presque sage.

31 Août.

Christine de Foix, de Sédan, qui n'avoit que le nez un peu trop long, se laissa enlever par le comte de Ferari, qui lui fit accroire qu'elle étoit grosse. Il la plaça comme fille de boutique chez un marchand de la rue Saint-Denis, où elle se trouva trop mal couchée. M. Janey, metteur-en-œuvre, lui offrit un lit meilleur; mais il trouva mauvais qu'elle le partageât avec M. Tournaire, beau-fils de M. Dupont, conseiller au Châtelet.

7 Décemb.

La Dubois, de la comédie Françoise, malgré l'oeil sévère de ses *pères* et *mère*, céda sa première fleur à un garçon limonadier. Il est vrai que ce garçon étoit le duc de Fronsac qui, en veste et en tablier, lui portoit tous les matins du chocolat. M. de Villeroi lui fit bientôt la cour, mais en marquis.

Martigny, danseuse, aima M. de Courchamp, de la seconde chambre des enquêtes, pour vingt-cinq louis par mois, à condition encore qu'il payeroit le caprice qu'elle avoit eu pour le marquis de Vierville. Elle les quitta tous les deux, dès que M. de Bernonville, officier aux Gardes-Françoises, lui eût offert un contrat de rente viagère.

Idem.

La *demoiselle Raye*, danseuse, consola M. de Courchamp. Elle n'avoit pas encore de linge, qu'il commanda pour elle à Lempereur, une paire de boucles d'oreilles. Il voulut que sa mère achevât son éducation. Elle ne lui apprit qu'à plaire au public.

La *Dorval*, qui est devenue la marquise d'Aubard, fit ses premières campagnes avec un soldat qui déserta pour elle. Comme elle en étoit lasse, elle lui fit casser la tête. Une compagnie entière l'épousa. Elle déserta à son tour pour suivre une troupe de comédiens. De rôles en rôles, elle parvint jusqu'à Paris, où M. *Danisy* ne lui avoit encore fait que des billets, lorsqu'un regard de M. le duc d'Orléans, fit naître à un chevalier de Saint-Louis l'ambition de la prendre pour femme. Il en mourut. Elle se retira

25 Décembre.

en carosse drapé au couvent des Cordelieres, où elle essaya plusieurs maris, sans pouvoir en décider un à se charger d'elle.

18 Décembre. Geneviève de *Rottemond*, bâtarde du dentiste Capron, qui avoit assis sur sa tête huit cent livres de rente. Sa mère *Dumoutier*, faisoit tous les jours la partie du docteur Saint-Léger qui brûloit de jouer avec la fille. Pour occuper son cœur, on l'envoyoit à la messe. Mais elle y rencontra *Larivée*, de l'opéra, qui lui prêcha l'amour du prochain.

Madame *Montgautier* a reçu les diamans de M. Senac. Elle fait semblant de ne plus voir *Vestris*, qui pour l'obliger, fait aussi semblant de voir mademoiselle *Lafont*. Elle vouloit se ménager M. de Matowschi, mais M. Senac lui a dit que c'étoit assez pour lui d'être cocu par sa femme.

Mademoiselle *Granville* ne peut s'empêcher de coucher avec M. de Joinville, le maître des requêtes, puisque c'est de lui qu'elle tient son carosse à l'angloise. Mais du moins veut-elle que M. Decaire reste dans son boudoir, où il la plaint, l'excuse et l'attend.

Cependant vendredi dernier celui-ci étoit dans son lit, où elle devoit venir le prendre, en sortant de chez M. de Joinville; et M. de Joinville qui venoit la chercher trouva M. Decaire. Il ne l'avoit pas plus vue que lui.

La marquise de *Ségur*, créole, a le plus joli pied de Paris. Le baron de Bezenval l'a déterminée à se venger de son mari qui n'a qu'une *main*.

Le prince de Conti a été blessé par une petite fille qu'on appelle le petit Jean f.... Il en veut beaucoup à Guerin, son chirurgien.

Le duc de la Trémoille, fait 600 liv. à la Martin, danseuse. Elle a un prêteur sur gages qui lui donne davantage : car il lui prête tous les effets qu'il a. On lui a vu le rochet d'un évêque pour peignoir.

Mademoiselle Allard, s'est fait peindre nue par le Noir. Tout le monde la reconnoît.

M. Tombeuf, officier aux gardes, avoit

presqu'à lui la Crémille. Il vouloit encore avoir madame Mars. Cette envie lui coûta une robe et une boîte d'or. Crémille l'épie et en fiacre, à la porte de sa rivale, elle donne des soufflets au bigame, qui dans la rue, en plein jour, demande pardon, et promet qu'il ne reviendra plus là où il est. Il faut qu'il signe sa promesse, et elle a été envoyée à madame Mars, qui lui en fera faire une autre.

M. de Buzançois a pris mademoiselle Montenoi qui sortoit des remèdes ; et comme il ne peut lui donner que 300 l. par mois, elle se réserve les *passades*.

M. le prince de Nassau a envoyé le devant de sa chemise, dans un paquet, à madame Dumasnado. C'est ainsi qu'en partant on lui fait ses adieux. Elle envoya, elle, un noeud d'épée de M. de Fronsac.

Mercredi, il y a eu un grand souper chez M. Beudet. La Gourdan y étoit avec quatre de ses dames d'honneur. Elles ont battu *Paris-Beudet*, parce qu'il n'avoit pas de pomme à leur donner.

M. le duc de Chartres reçoit dans ses

bras mademoiselle Dervieux qui n'en touche pas moins les cent louis de milord Binsing et ceux du prince de Soubise ; encore se fait-elle avancer le mois.

Le prince d'Hesnin oublie sa femme ; sa femme l'oublie avec le chevalier de Coigny.

Mademoiselle *Saron* avoit compagnie : elle pria tout son monde de passer de sa chambre à coucher dans son sallon. C'étoit M. Joly de Fleury, procureur général, qui vouloit l'entretenir : il ne fut pas long. Son amant, M. de Brandemont, étoit enchanté qu'elle eût cette connoissance-là.

M. le marquis de Louvois avoit conduit madame de *Beaulieu*, sa maîtresse, au bal : il la pria de le perdre un moment de vue, parce qu'il avoit rencontré une femme honnête qui vouloit de lui ; et elle trouva un Anglois qui voulut d'elle.

Le chevalier de Baize a couché avec madame de Gotteville, au temple. Elle le renvoya à quatre heures du matin à pied, même sans parapluie, en disant qu'une femme comme elle avoit des ménagemens à garder.

La Gourdan a envoyé la demoiselle Martin chez le comte Dubarry qui l'a présentée au maréchal de Richelieu, et il les a laissés ensemble dans sa chambre.

1760.
11 Janvier.

Julie Morel, de Grainville, en Normandie. Son père étoit fermier du seigneur. Elle s'échappa avec le cocher. Le maître qui sembloit plaindre une famille en pleurs, la chercha, la trouva et la garda sous le nom d'*Abadie*. Bientôt il ne lui fit plus d'autres plaisirs que de ne pas dire à ses parens où elle étoit.

15 Janvier.

Marie Viot, dite *Bourcelles*, commença par gagner trois livres par semaines, que lui donnoit le clerc du commissaire Blanchard. M. Fontaine, secrétaire des commandemens du duc d'Orléans, lui donnoit davantage, lorsque le vicomte de Gamache lui acheta une terre de douze mille francs.

18 Janvier.

Julie Brebant, fille d'un perruquier de Vaucouleurs, en Champagne, *postillona* long-tems dans les hôtels garnis, lorsque la *Montigny*, qui avoit l'honneur de fournir monseigneur le maréchal de Duras, la lui présenta. Il la trouva assez jolie pour se la conserver dans un couvent, à Ruelle, où elle entra comme sa filleule. Elle venoit de tems en tems remercier son parrein. Il vouloit en faire une marchande de modes pour s'assurer à lui-même un magasin ; et la petite ingrate épousa un brocanteur, d'*Espuzau*, qui, aimant mieux le vin qu'elle, la vendit au public.

Marie Dascher, fille d'un chirurgien, fut amenée à Paris par sa mère même, qui la promena dans la galerie de Versailles, en cauchoise, sous les yeux de Louis XV, et elle ne rencontra que ceux du marquis de *Villeroi*, qu'elle rendit heureux comme un roi. 15 Février.

La demoiselle *Carsout*. Son père étoit chirurgien, et sa mère sage-femme, près le Val-de-Grace, faubourg Sains-Jacques. Le chevalier du *Bec-de-lièvre* en devint fou en une heure, et il avoit encore bien des choses à lui dire, qu'il n'avoit déja plus rien à lui faire. M. Cromot, premier commis du Contrôle-général, fut son continuateur. premier Mars.

La demoiselle *Laboissière*, qui corrigeoit ses cheveux roux avec un peigne de plomb, 14 Mars.

ne ferma sa fenêtre, que quand M. Philippe, fils du caissier du trésor royal, s'engagea à lui tenir lieu de tous les passans.

28 Mars. *Marie-Françoise Daniel*, d'un village près de Nancy, s'étant aperçue qu'elle étoit jolie, toute servante d'auberge qu'elle étoit, s'élança jusque dans la rue Beaurepaire, où elle occupa tout de suite une chambre meublée en bergame. L'abbé Mougin, chanoine de Bazas, partagea avec elle ses bénéfices. Un maître de danse la prépara aux ballets de la comédie françoise : mais la *danse* n'étoit pas ce qu'elle aimoit. On la connut sous le nom d'Albigny. Ayant hérité d'une petite rente, elle ne balança pas à tirer de Marseille le certificat de vie de son mari, qui étoit aux galères, plutôt que de renoncer à la succession.

15 Avril 1760. La demoiselle *Danozanges*. Son nom est *Hemefiance*. Son père, décidé à la vendre, dans la crainte qu'elle ne se donnât, l'amena lui-même d'Exembourg au marquis de Pusenat, parce que dans ses voyages il sembloit avoir jeté les yeux sur elle. Ce seigneur fut le premier qui lui fit les honneurs de Paris. M. Jambest, qui n'étoit pas un seigneur,

seigneur, la logea dans la rue de l'*Arbre sec*, où son coëffeur lui fit un enfant en six mois, qu'elle passa au comte de la *Douce*. Elle étoit jolie ; mais ses amans n'étoient pas si difficiles que l'abbé Dangeau, de l'académie françoise, qui renvoyoit les lettres de sa maîtresse, quand elles étoient mal ortographiées ; et à la troisieme fois, rompoit avec elle.

La demoiselle *Haroir*, orpheline, des environs de Metz, la plus estimable des catins, si une catin pouvoit être estimable. Elle ne vouloit qu'être domestique ; mais on lui trouva de la grace à balayer le magasin de madame Duchesne, marchande de modes, et c'est un dessinateur de tour, M. Durand, qui la mit en *robe*. M. le comte de Jumilhac, beau-frère du contrôleur-général, lui offrit plus que des *gros-de-tours*. M. *Meneaud*, substitut du procureur-général, lui donna plus que de l'argent, de l'amour : et c'est à une *catin* qu'il prostitua ce mot charmant de la Fontaine :

25 Avril.

Déchaussons ce que j'aime.

Jeanne Beroud, née au village. Encore une Lorraine ! encore une élève de marchande de modes ! c'est M. le vicomte de

Du 27 Mai 1760.

Sabran qui l'induisit en tentation : elle n'étoit plus vierge qu'elle étoit encore chaste. On devoit l'aimer toujours, et elle ne le fut que ce qu'il faut pour sentir le besoin de l'être. M. *Fouassier*, chef des cuisines du duc de Penthièvre, la prit pour présider à des jeux et à des bals. La fortune ne lui fut pas plus fidèle que l'amour. Heureusement que tout ce qui peut être beau sans fraîcheur l'étoit encore en elle, lorsque M. Desprez, marchand de drap, lui proposa une bourgeoise retraite.

27 Juin.

La dame Leroy, de Bordeaux. C'étoit une mercière. Dégoûtée de son mari, elle déserta avec armes et bagage, pour suivre un séducteur qui lui chantoit :

> Si Zerbin étoit roi,
> Zerbine seroit reine.

Elle fut trop heureuse de rencontrer dans le jardin de l'arsenal un vieux de la *Cottière*, qui lui offrit, si elle vouloit encore souffler ses cendres, cent cinquante livres par mois, et une place dans son testament.

30 Mai.

Henriette Dubois l'Ecuyer. Petite comme Vénus, elle aima comme elle un boiteux, avec cette différence que le sien n'étoit qu'un marchand de tabac, à la Salpêtrière, qui se ruinoit. Elle étoit assez bien mise, mais elle n'avoit pas de pain. Il fallut enfin s'adresser à la mère nourricière, à la *Brisaut*, qui la loua à M. de Cour-Champ, comme sa nièce. Elle pouvoit avoir un peu de son sang dans ses veines, car elle sortoit des grands remèdes.

Louise Mallet, de Mont-Rouge. Ce fut M. de Montboissier, le fils du commandant des mousquetaires, qui lui fit accroire que celui-là l'aimeroit toute sa vie, qu'elle voudroit aimer deux jours; et il lui donna une bague de crin pour arrhes du marché. Elle ne savoit pas, ni lui peut-être, en lui mettant cet anneau au quatrième doigt de la main gauche, qu'une fibre de ce doigt aboutit au cœur. La petite meunière ne put le fixer, quoiqu'elle eût cette douceur qui caractérise encore plus le sexe que la beauté. 7 juin.

Toinette Vallée, de Nancy. Son père étoit plâtrier du roi de Pologne. Le prince de Chimay l'éleva jusqu'à lui. La première nuit elle eut du mal, la seconde du plaisir, et la troisième ni mal ni plaisir. 13 Ibid.

20 Juin.   Magdelaine Queru, dite Losaque, fille d'un sellier de Greez, en Franche-Comté. M. *Grelot*, officier Suisse, lui parla d'un métier qu'il lui disoit valoir mieux qu'un fonds de terre. Elle crut que tout ce qu'il vouloit lui faire étoit pour son bien; et il lui fit perdre un grand trésor, le goût du travail. Sa vie se passa dans les rues.

4 Juillet 1760.   La demoiselle Desjardins, de la paroisse de Saint-Roch. Sa mère, qui avoit quatre à cinq mille livres de rentes, la maltraitoit parce qu'elle ne vouloit pas recevoir un mari de sa main. Ne voulant donner son corps qu'avec son cœur, elle se promit d'être sage, même dans une troupe de comédiens. Ce fut un modèle pour les dames de Rochefort, jusqu'à ce que M. le duc de Montmorency, prévenu de cet *enfantillage*, parut. On ne sait s'il se changea en pluie d'or, ou s'il prit la forme d'un taureau. Elle ne tint qu'un mois; et ce fut alors madame la baronne de *Fraqueville*. Il avoit pourtant une femme charmante qui l'attendoit toutes les nuits sur son balcon, pour avoir de lui un bon soir verbal!

4 Ibid.   La dame Lequin-Saint-Gerand. Son père

fut libraire, son mari maître de pension. Ni l'un ni l'autre ne savoient pas qu'elle avoit eu la gloire de voir arrêter à ses côtés, par ordre du Roi, le fils d'un épicier-droguiste du faubourg Saint-Antoine, et celui de M. de Fulvy, qui mangeoient avec elle jusqu'au bien des autres. Le Roi lui laissa pour ses menus plaisirs un chapelier de la place Maubert, un écuyer du duc de Bouillon, &c. Tout lui étoit bon, jusqu'à son mari.

Jeanne Richard-Saint-Severin, fille d'un maçon qui ne vouloit pas qu'on l'embrassât quand elle étoit petite. Il avoit peut-être lu ce que disoit madame de Maintenon, que les baisers fânent les enfans. Mais elle avoit une tante, maîtresse de l'ambassadeur turc, qui n'étoit pas de cet avis-là : et c'est chez elle qu'elle fit ses *humanités*. 11 Juillet.

Jeanne Vaubertrand, de Lyon. Elle eut d'abord un ami qui s'apperçut trop tard qu'il ne faut pas qu'une femme soit sans argent. C'est ce que sentit bien le fermier-général *Derigny*, qui lui donna ce que donnoient pour le moins les fermiers-généraux, un entrepôt de tabac dont un commis lui rendoit compte. Elle venoit chanter à Paris, 11 Ibid.

lorsque M. Gineste, qui l'avoit vue en province, et qui cependant vouloit la voir encore, lui proposa ses meubles. Elle les reçoit et paie elle-même son terme. Avec sa quittance elle s'imagina être chez elle, et sa porte fut fermée à celui dont elle avoit le lit. Il devint celui de l'avocat-général Séguier, qui

L'heureux rival de cent heureux rivaux,

se mettoit en colère lorsqu'il trouvoit là où il mettoit son bonnet carré, le chapeau du père nourricier du Dauphin, M. Dufour.

18 Juillet. La demoiselle Noël, rue de l'Echelle. Elle avoit pour mère une de ces femmes qui, pour n'avoir plus à rougir de rien, prennent le parti de rire de tout. C'est elle qui dégoûta ses filles du mariage qui donne à un seul ce que tous voudroient. Elle la donna d'abord à M. Rondé, garde des diamans de la couronne, celui-là qui fut accusé d'avoir vendu pour 500,000 livres de diamans, parce que Sa Majesté lui devoit 80,000 livres.

27 Ibid. La demoiselle Leclair, danseuse aux Italiens. Quand elle fut assez riche pour avoir une femme-de-chambre, elle donna cette

place à sa mère ; quand elle le fut davantage, elle s'en fit une dame de compagnie. M. de Vorgemond et M. Saimson, l'un gendarme, l'autre mousquetaire, lui prêtoient leur carrosse, chacun son tour.

La comtesse de Sabatini, cette fille d'un sergent du régiment de Barois - Gardes-Suisses, et d'une vivandière, dès l'âge de onze ans excita la curiosité de son colonel, et elle lui laissa cueillir un fruit qui n'étoit pas mûr. Ce n'est pas pour cet exploit militaire qu'il fut arrêté à Nice et conduit au fort Carré ; mais comme elle savoit déja la manière d'obtenir des graces, il n'y resta pas, dès qu'elle eut pu parler au ministre de Modène, le comte de Sabatini, qui sans doute perdit jusqu'à son nom avec elle, car elle l'a toujours porté. Avec ce titre elle n'en fut pas moins long-tems à Paris sans trouver ni un soupir ni un écu : il fallut qu'elle se donnât la peine de promener un baron allemand qui n'avoit pas la force d'être heureux. M. Berthelin, officier de maréchaussée, qui ne couroit jamais que dans ces bois où l'on va deux et d'où l'on revient trois, la prit pour *Diane*, sans doute parce qu'elle le prit pour *Endymion*. Mais

27 Juillet.

comme elle l'assura qu'elle ne vivoit pas d'ambroisie, il la présenta à M. de Saint-Florentin, qui crut faire un vol aux dieux. Monseigneur fit tout ce qu'il put pour l'attacher à la terre, et ce fut bientôt par elle que la France se gouverna. On sait tous les *mouvemens* qu'elle s'est donnés pour la *révolution*. N'étoit-ce pas la préparer, l'avancer, que de faire commettre au Roi et à ses ministres de ces crimes qui révoltent les peuples ? Graces soient rendues à madame la comtesse de Sabatini et à monsieur le chevalier d'Arcq, son compère.

Premier Août 1760.

Marie-Jeanne Boyelle-Fontenai eut des diamans avant que d'avoir des chemises. C'est M. de la Ferté, qui des mauvais lieux l'amena aux ballets de la comédie françoise, où elle porta la réputation que lui avoit donnée dans la rue des Deux-Ecus le nom qu'elle y avoit pris de baronne de *Mistouflet*. M. le Doux, receveur des tailles, l'aima beaucoup. C'est une très-jolie *sotte*.

15 Ibid.

Louise Friope, de Saint-Foix, n'eut d'abord qu'un procureur du Roi en l'élection. Elle n'étoit pas la plus libertine des filles, car elle devint grosse. Un Américain voulut l'emmener aux isles ; mais elle craignit de ne pas réussir dans un pays où ce n'est pas seulement un principe de musique que deux *noires* valent une blanche.

Yoris d'Alinville. Un Juif la mit dans ses meubles, en lui enjoignant d'ouvrir ses fenêtres quand il tonneroit, parce que ce pourroit être le *messie* qui arrive. Il l'a renvoyée comme *Abraham* renvoya *Agar*, avec un morceau de pain et une cruche d'eau. Elle ne s'attacha plus qu'à des chrétiens. 15 Août.

Marie-Barbe-Sophie Faillon-Laforest, de Rumigni en Picardie. Dès qu'elle plut à tout le monde, tout le monde lui plut ; et elle n'eut de repos que dans la piscine du chirurgien *Darnet* ; encore est-ce là que M. *Duvaucel*, qui a été trésorier des aumônes du Roi, vint lui proposer d'entrer chez lui comme gouvernante, à condition qu'elle s'enlaidiroit un peu sous la large coëffure d'une chambrière, tant que dureroit son procès en séparation avec sa femme. 20 Ibid.

La dame Martin, de Strasbourg. Elle 29 Ibid.

s'étoit mariée malgré ses parens. Le baron d'Andelot, qui avoit ses vues, protégea ces jeunes époux. Il donna une place à l'un : c'étoit en demander une à l'autre. Les ronces vinrent où ne devoient pousser que des roses ; et il ne resta plus à tous que les *longs remords des courts plaisirs*. Le mousquetaire Ducoudrai, qui suivoit les marchés de la *Varenne*, eut presque pour rien une femme, à cheveux annelés, et dont les dents étoient comme des perles quarrées.

29 Août.   Marie-Anne Brénigar-d'Ezivée, de Reims en Champagne. Un jeune tapissier, *Bourlois*, lui ouvrit la carrière du vice : elle en recula les bornes. Son tempérament servoit bien son cœur ; et il falloit qu'elle fût malade pour n'être pas au lit. M. *Basmond*, capitaine au régiment de Royal-Comtois, passoit quelquefois avec elle des nuits de vingt-quatre heures.

Ibid.   Forgeville-Vaudreuil avoit déja ruiné un Américain, lorsqu'un marchand de soie de la rue des Bourdonnais voulut lui apprendre la science du pot-au-feu. Elle eut l'air de faire cas de ce qu'il vouloit lui montrer, en attendant le marquis de Chambray qui payoit bien, parce qu'il savoit que ce n'est pas une petite peine que de donner du plaisir.

La Vallée-Dupin, danseuse qui a fait plus d'un faux-pas, quoique M. de Villeneuve, receveur-général des finances, la couvrît de ses yeux. M. le duc d'Uzès qui la trouva dans un serrail où elle travailloit à la journée, lui donna une montre à répétition pour qu'elle n'eût pas peur de ses grimaces, et qu'elle ne s'apperçût pas qu'il étoit bossu. 8 Août.

Dumesnil, danseuse qui avoit des amans jusque dans les prisons du Châtelet. C'est ce que ne savoit pas sans doute M. d'*Aine*, maître des requêtes. Ibid.

Benneseran-Maranville suivit le chevalier de *Sens* à Rouen et sur les côtes en uniforme de hussard. Elle faisoit plus de recrues que lui. Le sculpteur *Lemoine* se servit d'elle souvent pour faire des statues. Premier Septembre.

Villet-Merny. Son père, chirurgien près Saint-Paul, l'éleva mal ; aussi perdit-elle, dès l'âge de quinze ans, ce qui n'a point Ibid.

de prix quand on le donne; et quand sa famille la menaça d'une lettre-de-cachet, comme si c'étoit là le moyen de rendre les filles sages, elle obtint un engagement de danseuse dans les ballets de la comédie françoise, qui étoit un privilège du Roi d'être *libertine*. M. Barnou de Vignoles le fit valoir.

La demoiselle Aubin, fille d'un valet-de-chambre-perruquier de Sa Majesté. Le gouverneur de Fontainebleau, M. de Montmorin, se crut le droit de lui faire un enfant. C'en fut assez pour qu'elle voulût gagner sa vie à en faire. Il en coûta quelques contrats à M. de *Joinville* qui, conseiller au parlement qu'il étoit, ne payoit que quand ses meubles étoient saisis. M. de *Culan* étoit plus prudent : il étoit chevalier de Malthe.

26 Septembre. Marie de Lorene-Morette. Elle est d'Alençon. Un capitaine du régiment de Saint-Chaumont, M. Guy, lui enleva son innocence, et M. le Maître, officier dans Royal-Marine, sa santé. Elle mourut aux chaudières de Bicêtre. Elle n'étoit pas guérie, quand M. Dumetz de Rosnay, président à

la chambre des comptes, lui donna même le nom d'une de ses terres.

Marie-Anne Delahaye-Legendre, de Rouen. C'est un abbé qui lui a donné ses premières huit cents livres de rente : un valet de pied d'Orléans, ses premiers meubles : et un lieutenant aux Gardes-Suisses, son premier carrosse. Il ne lui a manqué, pour être sage, que d'être née riche. 19 Septembre.

Jacqueline Camouche, actrice de la comédie Françoise, parce qu'elle avoit une sœur qui vivoit avec *Armand*. C'est le duc de Lauraguais qui lui donna ses habits de théâtre, lorsqu'il ne pouvoit pas même payer à la danseuse Riquet, un billet d'*honneur* de 30000. Son père, coureur de M. *Lambert*, banquier, fut mis à la Bastille par l'inspecteur Durocher, le temps qu'il falloit pour lire ses dépêches. Ibid.

La demoiselle Ferriere de Serre. Un chanoine de Vincennes l'assura que s'il étoit défendu aux prêtres d'avoir des femmes, il n'y avoit aucun canon qui défendît aux femmes de prendre des prêtres. Mais il n'avoit pas la grande vertu d'être constant, quand on cesse d'être heureux. Elle passa au bras séculier. M. de Bregé, doyen des conseillers du grand conseil, qui n'étoit que riche, la prit de moitié avec M. Domé qui étoit jeune. Ils procurèrent à son mari, (car elle en avoit trouvé un) une charge d'officier dans les gardes de la ville.

Octobre.

Marie-Morelle Guimard, la bâtarde d'un Juif, qui mourut en prison pour ne pas payer ses dettes. Elle mettoit trop de grace, jeune encore, dans ce qu'elle disoit, pour qu'on ne fût pas tenté de voir si elle en mettoit autant dans ce qu'elle fesoit. M. le président de Saint-Lubin avoit trop bien pourvu à son éducation pour que M. Bertin, des *parties casuelles*, n'oubliât pas quelquefois mademoiselle Hus pour *Terpsicore*.

Ibid.

Mademoiselle Charlet, qui avoit un appartement de 1,400 l., dans la cour des Jacobins, n'avoit pas même le mérite d'être jolie; et le bailli de Souzac la payoit, comme si elle eût été belle.

Beaumier-de-Ville, la *savoyarde*. Avec un triangle, dont elle accompagnoit les vielles, dans tous les carrefours, elle est parvenue à se faire plus de 8000 liv. de rente. C'est qu'elle trouva des *Culan*, des *Chatelain*, un avocat *Varenne*, un *Robinet*, des dupes enfin. Que dire du fils unique d'un receveur général des finances, de Villarceau, conseiller au Châtelet, qui payoit encore et très-chèr, ses derniers soupirs. Il lui mettoit des aigrettes de diamans sur des cheveux blancs.

Marguerite-Brunet Montansier, de Provence. Elle passa, en 1749, à la Martinique, avec l'intendant *Husson* qui lui donna un magasin de modes. Lasse de coëffer des têtes de femmes, elle aima mieux tourner celles des hommes. Elle eut tour-à-tour le marquis de Chimenes, le prince de Nassau-Sarbruk, le colonel d'Esparbès, Devoyer d'Argenson, le marquis de Souvré, le marquis de Joussac, le chevalier de Besons, le marquis de Seignelay, le comte de Villegagnon, M. de Puiségur, le duc de la Trimoille, M. de Viarme, M. Thiroux de Montregard, M. de Roquefeuil, M. de Rostaing, sans compter tous ceux du *tiers-état....*, et ils étoient tous jaloux !

1760.

Marie Cromol ; elles étoient deux soeurs.

Leur père, directeur de l'entrepôt du tabac, à Marseille, leur avoit donné des talens. A sa mort, la veuve les amena rue du *Mail*, où *Lavarenne*, leur voisine, leur offrit un métier, à l'une d'amuser le comte de la Tour d'Auvergne, et à l'autre, le notaire de la rue Saint-Denis, M. *Sibire*. Il en eût moins coûté à ces débaucheurs, d'en faire des mères de famille.

Jeanne-Louise Ferriere, fille d'un cordonnier de la rue des Blancs-Manteaux, qui la vendit à un officier du régiment de Saxe, un louis pour avoir douze francs. Elle ne resta pas à ce prix là, car elle a appartenu à M. *Delabastide*, banquier.

Louise Desforges, boulangère de Dijon. Elle étoit d'un âge à donner de l'amour, qu'elle étoit encore d'une sagesse à ne pas donner d'espérances. Un gendarme de la garde, pour avoir plutôt fait, l'enleva. Elle fut bientôt seule. Un Américain la trouva, rue du Colombier. Il ne falloit plus que de l'argent, et M. *Assena* en avoit.

Rosalie Forgeot, de Châlon-sur-Saone. Elle avoit épousé un marchand de cuivre qui

qui l'oublia dans une foire. La cuisinière du président *Astruc*, sa tante, la prit avec elle pour lui apprendre à être femme-de-chambre. Un laquais de M. d'Ormesson lui montroit autre chose. Elle se cacha pour accoucher, chez un chirurgien qui lui trouva plus de mal qu'elle ne s'en croyoit. L'officier des eaux et forêts, qui l'emmena en Bourgogne, ne se doutoit pas de tous ses accidens.

La Monginet, de Normandie. Elle ennuyoit ses amans, parce qu'elle ne savoit qu'être jolie. C'est M. de Chenevières, capitaine de cavalerie, qui la séduisit, en lui promettant ce que le plaisir même ne donne pas, le bonheur. Elle avoit faim et soif, lorsque M. de Caze, directeur général des grandes gabelles, la couvrit et la meubla.

Françoise de Travaux, fille d'un procureur de Vezoul en Franche-Comté, qui trouvoit les jours trop longs en province. On est bien près de faire mal, quand on n'a rien à faire. Elle passoit pour avoir le coeur honnête. Mais il y a de beaux fruits qui renferment un ver.

La dame du Chansay. Elle se présenta

jusque dans le sanctuaire de la justice, pour forcer M. le Fêvre, l'américain, à lui faire des pensions, comme si elle n'avoit été mère, que parce qu'elle avoit été foible. Il ne falloit donc pas qu'elle reçût, tantôt M. Ruhot, tantôt M. Bontems, etc. etc.

Françoise-Brar Satin. C'est un chanoine du Mans, M. Meusnier, qui reçut son cri de quinze ans. Il y avoit loin delà à l'hôpital. De chûte en chûte, elle y parvint.

Anecdotes détachées.

LA baronne de Vasse, l'aînée, plaît aux étrangers, parce qu'elle a le don des langues. Le comte de Maldeguene, chambellan de l'Empereur, l'étudie comme une *grammaire* ; aussi sait-il bien accorder les genres.

Le marquis de Vargemont, colonel du régiment de Soubise, cacha dans la rue Grange-Batelière la petite Rouard, qui a déja perdu son nom : on l'appelle Moranville. Son père, charpentier de Lille, la cherche et la pleure. Il ne la trouvera que quand il ne lui sera plus permis de la prendre, à *l'académie royale de musique.*

La dame Mouchet, qui lorsque son mari la croyoit faite pour lui, se croyoit faite pour les autres, a long-tems pelotté en attendant partie. Elle a fixé un Hollandois qui ne l'aime que parce qu'elle aime l'eau-de-vie. Comme elle ne veut plus rien porter de son mari, elle s'appelle Dorvillet.

M. Guerin, chirurgien du prince de Conti, qui bat tous les buissons pour faire sortir le gibier, a présenté à son altesse un enfant de treize ans qui n'a jamais servi. *Monseigneur* l'a chargé de l'essayer et de lui en rendre compte à son lever.

La demoiselle Testar, tantôt Zaïre, tantôt Théophile, qui a couché sur la paille de l'hôpital pendant trois ans, pour avoir, même sur les coussins du maréchal duc de Duras, lassé la *Joye*, son coureur, est sur le point de devenir comtesse de *Jaucourt*. Le notaire Clauze la dispute au comte : mais on dit qu'elle seroit plus flattée d'avoir un titre qu'une étude, les clercs même en fussent-ils.

M. Jacquemain, joaillier de la couronne, a offert à la petite Berville tout ce que le

Roi lui doit, plus de 1800,000 livres : mais elle n'aime pas trop les effets royaux.

C'est par le canal de la Granville, qui a tout-à-la-fois un chancelier et un contrôleur-général, que M. *Isnard* a obtenu un intérêt de trois sols dans les hypothèques.

La Legrand, à qui le conseiller *Minute* avoit donné un peu de considération, a fait faire les premières armes au fils d'un fermier-général, ensuite au fils d'un apoticaire. L'argent de M. Gauthier lui plaisoit plus que le *baume de vie* de M. Lelièvre. Elle avoit été liée avec Madame Dubarri, et disoit quelquefois à son frère : il ne faut qu'une jolie sœur pour être le beau-frère du Roi.

La demoiselle Laforest a trouvé le moyen de captiver le marquis du Hallais : Ils se battent tous les jours.

M. de la Taxe, l'américain, qui avant de prendre les mœurs parisiennes, ne savoit pas qu'une femme est comme une ville où le vainqueur, quand il y entre, y laisse les anciens habitans, avoit fait une scène à la *castillan*, parce qu'elle faisoit danser avec lui ceux qui ne donnoient rien pour les violons. La belle boudeuse ne vouloit plus le voir. Il se jeta à ses genoux ; inexorable : il lui jura de l'aimer toute sa vie ; inflexible. Il lui offrit une bourse : elle sourit. -- Levez-vous, on croiroit que je vous pardonne.

Le duc d'Albe a fait dire à d'*Hervieux*, que si elle vouloit se donner la peine de passer un matin à son hôtel, il lui feroit le cadeau qui lui feroit le plus de plaisir. La proposition étoit trop vague : ce qu'elle vouloit, c'étoit six mille francs. Elle ne déjeûnoit pas à moins.

M. Héron, receveur des consignations, qui avoit vu passer la procession de la Fête-Dieu à la fenêtre de la lyonnoise *Lafond*, a été étonné d'apprendre qu'elle avoit été le déclarer père chez le commissaire Sirebeau. Le commissaire n'exigeoit, avec 600 livres de rentes viagères, que 300 liv. pour les couches. Mais, M. le Commissaire, quand on a marché dans un champ d'épines, peut-on dire quelle est celle qui a piqué ?

Le comte Dubarry marchande la Duroix, native de l'Alsace. C'est sa mère qui la vend, rue Sainte-Apolline. Elle lui promettoit ce que l'œil n'a jamais vu, et il ne trouva rien d'extraordinaire que de s'y voir.

Les fils du Roi de Suède, qui venoient en France pour apprendre à regner, ont reçu hier leur bonnet de nuit, l'un de mademoiselle Marquise la provençale, l'autre de la demoiselle Desmarcq. C'est une couronne qu'elles ont mise à bien des Rois.

Un bijoutier de la rue Saint-Honoré, promène tous ses bijoux sur *Babet*. Sa femme craint qu'elle finisse par croire qu'ils sont à elle.

M. le duc de Chartres a soupé le 29 mars 1771, rue Blanche, n°. 2, avec le duc de Lausun, le duc de Fronsac, Fitz-James, Conflans, le marquis de Laval, le marquis de Clermont et le comte de Coigny. Ils avoient trois demoiselles de compagnie. On y parla beaucoup de la fille d'un peintre de la rue des Saints-Pères, qui ne vouloit pas se rendre. Un abbé avoit offert, de la part du duc de Luxembourg, à ses père et mère, six mille livres de rente et 1000 d'argent : M. de Sainte-Foi, trésorier de la marine, en donnoit davantage. M. de Fitz-James voulut parier 150 louis que sous huit jours il la livreroit à M. de Conflans. La présidente *Brissaut* a représenté qu'aucune fille ne pouvoit être mise dans le commerce, sans qu'elle lui eût signé ses lettres de maîtrise. On décida qu'elle partageroit avec le duc la gloire et le profit de cette conquête.

Rosalie Duthé n'a eu long-temps à sa toilette qu'un miroir, des peignes et de l'eau : elle n'avoit plus son innocence qu'elle en portoit encore les couleurs. M. le duc de Chartres a reçu d'elle ses premières leçons. M. Durfort qui en étoit jaloux, comme Titus de Bérénice, éprouve que d'une jolie *sotte* on en a bientôt sa suffisance. Il la céderoit au comte Matouski, s'il vouloit lui donner sa femme en échange.

M. le baron du Houlai vient de faire dans ses terres, en Normandie, une coupe de bois qui lui rendra 80000 liv. Voilà de quoi faire oublier à mademoiselle Bréman, qu'il tombe presque du haut-mal.

M. le baron d'Oigny qui a fait de mademoiselle le Coq, une baronne de Burman, lui a apporté hier une paire de bracelets de dix mille francs. Elle les a reçus au moment même où elle venoit de gagner, dans son boudoir, des pendans d'oreilles.

Madame Baillon a un domestique qui ne la quitte jamais. C'est son mari, maître des requêtes, qui l'attache à ses pas. Elle demande au *magistrat* un homme de confiance qui le fasse boire et l'engage.

M. le marquis de Genlis a rencontré au colysée une Orléanoise qui rioit beaucoup, parce qu'elle avoit de jolies dents. C'est la Maisonneuve. Il lui a donné une pincée de louis. Il venoit d'en gagner plus de treize mille.

La Durancy est grosse de neuf mois. Personne ne s'en doute, pas même l'abbé Darty, qui couche toutes les nuits avec elle. Elle lui a cherché querelle quand elle a voulu faire ses couches : et il a été trop heureux, pour le raccommodement, de mettre sur sa tête trois cents livres de rente ; bien entendu qu'il ne trouveroit pas mauvais qu'elle plût au comte d'Escars, au prévôt de Paris, à l'intendant Caumartin, et même à son secrétaire, *Teytard*.

Le chevalier de Choiseul-Meuze se disputoit avec *Desbrugnières*, la dame Roncheray. C'est à qui auroit les restes de *sa majesté*. Elle a les dix mille livres de rente qu'assure le *parc-aux-cerfs*. L'un d'eux est déja malade de l'avoir vue.

Mademoiselle Mars qui n'est pas d'un bon teint, croyoit faire fortune à Londres. Elle ne savoit pas que les Anglois n'aiment pas le rouge.

M. de Bourgogne vient de se perdre de réputation chez toutes les filles. Mademoiselle Sonville n'avoit rien de caché pour lui ; il lui demanda la clef de son secrétaire, pour écrire une lettre : — la voici : et elle le laisse seul, aimant à penser qu'elle pouvoit lui donner des distractions. Il lui prend son porte-feuille où étoit un billet de lui de 20000 liv., avec la promesse de passer contrat ; dix mille francs de billets de fermes et des boucles d'oreilles, et cent louis d'argent.... On ne le voit plus. Elle court, le cherche, ne trouve que ses amis qui répondent de sa probité et même de son amour. Il lui a déja rendu tout ce qui ne vient pas de lui, et elle espère bien, s'il ne lui rend pas ses billets, lui en faire faire d'autres qui vaudront encore plus.

Le chevalier de Jaucourt a acheté deux aigrettes de diamans, l'une pour la princesse de Baufremont, l'autre pour la Beauvoisin. Celle-ci seroit peut-être piquée de la comparaison.

M. Pethion, fils, trésorier des bâtimens du Roi, qui a loué, pour quelques mois, la danseuse Sarron, eût trouvé ce matin, à midi, M. Bertin de Blagny, dans son lit, si une alerte femme-de-chambre ne l'eût caché dans la garde-robe.

La Testar passe les mers avec M. Perault, qui lui donne une habitation de 50000 liv. Elle ne connoît pas le goût des Américains qui passent souvent du blanc au *noir*.

Le comte de Sades est fort en peine de savoir d'où vient un sultan énorme qu'a mademoiselle Collette, actrice des Italiens, qui ne devroit rien recevoir que de lui.

Gros comme une commode, il renferme les ajustemens les plus élégans, et une paire de boucles d'oreilles, de mille écus. Elle le montre, sur-tout à ceux qui peuvent lui en donner autant, même pendant que le marquis de Lignerac s'impatiente sous sa toilette.

Humbert-Mongé. Elle passoit pour blonde : elle eût passé pour rousse, si elle eût voulu. Son père étoit notaire à Mastricht. C'est en ne refusant rien au baron de Treback, chancelier du prince de Liége, qu'elle obtint la grace d'un homme qui devoit avoir la tête tranchée.

Le duc de.... a surpris sa femme dans les bras du précepteur de son fils. Elle lui a dit, avec une impudence de cour, que n'étiez-vous là, Monsieur ? Quand je n'ai pas mon écuyer, je prends le bras de mon laquais.

Le secrétaire de l'intendant Sauvigny, qui n'a que six mille francs d'appointemens, dépense huit cents francs par mois avec madame Breteuil, qui est la cousine de ces demoiselles Quesnel du Torp, que le premier président du parlement de Rouen a fait mettre à Sainte-Pélagie. Elle étoit de condition : c'en fut assez pour s'appeler la baronne de Breteuil. On peut dire de ses charmes :

De loin c'est quelque chose, et de près ce n'est rien.

La fameuse Deschamp aime tous les hommes, excepté son mari qu'elle craint de revoir dans l'autre monde.

M. Teissier qui a fait trois enfans à la Maupin, et pour plus de 30,000 livres de billets, avoit encore assez d'estime pour sa femme pour en rougir devant elle qui a fait offrir à cette fille-mère de se charger de l'éducation des enfans de son mari, de leur assurer six cents livres de rente, et à elle-même douze cents livres. Elle ne les méritoit pas, puisqu'elle les refusa.

C'est un miracle que le guet n'ait pas encore surpris M. le comte de la Marche, qui la nuit s'introduit chez la princesse Chimay par un soupirail de cave, dans la rue des Rosiers. Il seroit bon à mener chez un commissaire.

Madame de Fontaine-Martel n'est morte que quand elle ne put plus être utile aux hommes : le jour de sa mort, après avoir demandé quelle heure il étoit, elle dit : Dieu soit béni : quelque heure qu'il soit, il y a un rendez-vous. Une de nos courtisannes s'est donné hier le ton de répéter ce mot-là.

La demoiselle Thiery sort de l'hôpital, et elle a déja rencontré M. Vassal, fils du receveur-général des finances, qui lui promet 30,000 livres. Quand on a tant d'argent de trop, pourquoi le bonheur n'est il pas à vendre ?

Quelle vie que celle d'une fille, s'écria une fois la Pagés-Deschamps ! je crois en vérité qu'il vaudroit mieux être femme de bien. Sa servante l'entendit, elle en parla à son confesseur, qui en parla à la duchesse de Nivernois. C'étoit une bonne œuvre à faire. On lui offrit, à cette nouvelle convertie, un dieu pour un amant, et elle se rendit au couvent des Carmelites, rue Saint-Jacques. Le marquis de Bandole la chercha, mais il n'alloit pas assez souvent à la messe pour la trouver. Elle n'en passa pas moins à Ligny, près de Bar-le-Duc. Un jeune officier du régiment de Conflans la vit au parloir ; et l'homme est comme le serpent qui passe aisément le corps où il a passé la tête.

Le baron d'Andeleau, qui a fait mettre en prison l'allemande Zinkle qu'il accusa de lui avoir volé un rideau, couche chez lui à rideaux ouverts, avec la grosse Benoist et la grande Théophile, qui s'entendent pour le ruiner avant qu'il les mène dans sa terre de Vignoles, en Brie.

Les filles se plaignent : toutes les robes d'hyver sont en gage pour avoir du taffetas.

Elisabeth Vallée-d'Esmars, de Lisieux, qui dès l'âge de quatorze ans disoit avec effronterie ;

Grands dieux ! rendez-le-moi, pour le reperdre encore !

a vendu ce qu'elle n'avoit plus à l'abbé commendataire de Fontaineblanche, l'abbé de Durfort. Elle s'est logée rue des vieux Augustins, et compte beaucoup sur les assemblées du clergé.

La comtesse Duquesnay, qui n'est pas noble, étonnée de ne plus plaire ni à M. de Chabrillant, ni à M. Bertin ni à M. Mazières, ni.... ni.... commence à méditer ces vers de Deshoulières :

On cherche, avec ardeur, une médaille antique;
D'un buste, d'un tableau, le temps hausse le prix;
Le voyageur s'arrête à voir l'affreux débris
D'un cirque, d'un tombeau, d'un temple magnifique;
Et pour notre vieillesse on n'a que du mépris !

M. Hocart de Bessigny qui a quitté la *Pérart*, après huit ans de service, a convolé en secondes amours avec la Fleury, qui, tout en deuil qu'il est de son père, lui fait danser des allemandes, dans les bals d'Auteuil, de Passy et de Saint-Cloud.

Le fils du président Dumazy, qui n'aimoit que lui, ce *Narcisse* à qui on persuada enfin qu'il falloit avoir pitié du sexe, en s'attachant à mademoiselle Noyan, lui a fait une obligation de 10000 payables dans deux ans : et le billet est à peine sec qu'il veut lui reprendre jusqu'à ses meubles. Elle jure en conscience qu'elle n'a rien de trop que le *mal* qu'il lui a donné.

L'écrivain de la rue Croix-des-Petits-Champs, proche l'hôtel de Penthiévre, a enfin trouvé la corne d'abondance. Sa femme qui s'est brouillée avec le sieur Danet, maître en fait-d'armes, à propos de bottes, a plu au fils de l'avocat-général, quoiqu'elle n'ait plus toutes ses dents. Il l'a logée rue Copeau, fauxbourg Saint-Marceau ; elle y sera mieux que dans la rue aux Ours, où une seule cloison, la nuit, séparoit son amant de son mari, qui s'enrichissoit à dormir. Cette madame Colinet a joué à la Bastille, le rôle de *mouton*. C'est elle qui se moquant des hommages respectueux de *receveur*, l'inspecteur, disoit : il est toujours à mes genoux : --- La *belle reine accordez-moi vos faveurs*. Est-ce que cela se demande ?

Le prince de Limbourg avoit fait présent à mademoiselle Siam de diamans. Milord Wilman exigea qu'elle ne les portât pas : et ils furent proposés au bijoutier même chez qui le prince les avoit achetés. Le prince le sut, lui reprit son carrosse et ses chevaux, et elle vint déguisée en paysanne à sa petite maison de la Nouvelle-France, lui demander pardon d'avoir aimé un anglois.

La capture du petit Saimsom est la nouvelle des coulisses. C'étoit la coqueluche des femmes, parce qu'il savoit se servir auprès d'elles de la recette qu'indique le docteur Swift : deux ou trois visions, et deux ou trois révérences, deux ou trois complimens civils, deux ou trois sermens, deux ou trois baisers avec deux ou trois soupirs, deux ou trois ô ciel ! et je *renonce à la vie* : deux ou trois serremens de main et deux ou trois secousses, avec quelques louis perdus dans la maison, ne peuvent jamais manquer de faire des cocus. Mademoiselle Lafond a eu le malheur de s'attacher à ce *Saimsom*, jusqu'à ne pouvoir lui refuser ni sa toilette d'argent, ni ses boîtes d'or qu'il a mises en gage chez le tailleur Marinville qui les a déja passées à la *Rabatelle*. Le chevalier Eclhin, en les donnant, ne prévoyoit pas cette vile destination.

Mademoiselle de Ville, rue des Martyrs, qui avoit amassé de quoi se donner un mari, a amassé encore, depuis qu'elle l'a, de quoi se donner une terre. M. de Vilarceau vient de lui rembourser une rente de cent pistoles.

M. de Villemur, receveur-général des finances, qui aime les femmes comme les chiens, a une meute et un serrail. Son plaisir est de faire des élèves qu'il forme et qu'il place ; c'est lui qui paie les maîtres de la petite *Durieux*, de la petite *Dupin*, de la petite *Tourville*; et tous les matins il va voir ses enfans : on dit qu'il les *gâte*. Quand il donne à dîner, il les sert à ses convives.

Le comte de Rochefort a donné quinze louis à la grande la Croix. C'est payer trop cher une *descente de croix*. Il est convenu lui-même qu'elle donneroit à teter, comme les négresses, par-dessus ses épaules.

M. de Lowendal a changé de goût ; car il ne baise plus les mains du petit Saimsom, qui lui-même a un coureur et des laquais qui ont de la barbe. Il prouvoit ses nouveaux sentimens à la baronne de Burman que l'on paie toujours et que l'on n'achète jamais, lorsque le duc de Fitzjames, précurseur de M. le duc de Chartres, vint la préparer à recevoir *Monseigneur*. Elle le reçut comme dans quelques cours sont reçus les ambassadeurs qui viennent demander une reine en mariage : ils mettent un pied dans le lit.

Il y a une veuve d'un officier chez le Roi

qui promène dans les marchés du Palais-Royal

Sa fille vierge encore qu'elle instruit à se vendre.

C'est l'aînée : car elle destine la cadette à un chapitre noble, lorsqu'elle sera guérie d'une fièvre de lait.

Deux Angloises sont descendues à l'hôtel de Tours, rue du Jardinet : on appelle l'une Walker, l'autre Moor. C'est un mousquetaire gris qui leur montre la langue. Dimanche dernier, il leur a envoyé une pièce de gougouran vert-pomme pour faire deux robes.

Le lendemain il fut entreprenant,
Le lendemain il leur fit un enfant.

Pendant que M. Bertin, des parties casuelles, dont les adultères ont tant coûté à l'état, puisqu'il portoit le deuil de toutes les jolies femmes, jetoit encore le mouchoir à la comédienne Laruette. Son épouse à qui il avoit à peine le temps de faire un enfant, lui préparoit, à Passy, pour sa fête, le bouquet le plus flatteur. Les Italiens étoient chargés de lui jouer le *Baiser pris et rendu*, et la Laitière. Elle a eu l'art de lui ménager toutes les surprises. Il y auroit de quoi être fol d'elle, si elle n'étoit pas sa femme.

Le marquis de Persennat qui ne se contente pas de perdre son argent au jeu, le jette dans le tonneau percé des Belvue, des Dangeville, des Dupin, des Danguy. Toutes ses maîtresses sont petites. Vénus n'avoit pas la taille de Minerve.

Mademoiselle Girard, une de ces graces mercenaires

Qui, par couple nombreux, sur le déclin du jour,
Vont aux lieux fréquentés colporter leur amour,

a voulu reposer ses charmes dans un couvent où elle essaye déja la guimpe des religieuses. C'est qu'elle n'est pas encore consolée de n'avoir pas profité des riches intentions de M. le la Briche, qu'elle sacrifia au comte Duluc. Mais elle sera bientôt rattachée au monde par les soupirs de M. Vassal. C'est elle qui se trouvant à une comédie, chez M. Pajot de Villers, donna, comme si elle eût été chez elle, un coup de poing, deux coups de pied et trois soufflets à mademoiselle le Doux, qu'elle croyoit sa rivale.

Il y a un comte vénitien, que les *Vestris* promènent et amusent. On s'est apperçu qu'il avoit au doigt un diamant de 1,50000 liv. Mademoiselle Vestris se donne quelques mouvemens pour lui faire perdre l'envie de le vendre au Roi.

La demoiselle Hébert est enceinte : le duc de Grammont qui n'aime point cela, veut s'en défaire. Il la mariera pour ne pas la quitter tout-à-fait.

Le comte de Malzeim, chambellan de la Reine d'Hongrie, s'étant apperçu, malgré lui, que Marquise, malgré son privilége exclusif, ne renonçoit pas au casuel, a pris congé d'elle, mais en lui faisant toucher son mois de trente louis, quoique l'amour n'eût encore compté que deux jours. Il vouloit sans doute, par ce procédé généreux, lui faire oublier ce vers françois,

Plus je vis d'étrangers, plus j'aimai ma patrie.

Le prince de Limbourg qui aime encore la demoiselle Siam, puisqu'il en dit du mal, affecte de se montrer dans tous les spectacles, avec la Beauvoisin qui n'est que parée et se croit belle.

Son front luit, étoilé de mille diamans ;
Et mille autres encore, effrontés ornemens,
Serpentent sur son sein, pendent à ses oreilles.

La demoiselle Laforest a promis, sur son honneur à M. le comte de Rochefort, de renvoyer M. Depienne, moyennant cent pistoles par mois. Quand on voit cette impudente dans le vestibule des Italiens, convoquant d'un coup d'éventail tous ses laquais, dire, Saint-Jean, ma voiture, — puis, à l'hôtel ; qui croiroit que son père, Parabeau, étoit boueux à Lyon ; que couverte de haillons, elle a demandé son pain au nom de la bonne-Vierge et du bon-Jésus, et qu'elle a été reconnue à la confrontation, par un voleur qui a été *roué*, pour une de ses maîtresses de grand chemin !

Le marquis de Sabran, en sortant de la messe de Saint-Sauveur, a enlevé Louison, de l'opéra-comique, qui a monté la première dans son carrosse, et l'a violée dans son lit où elle s'étoit couchée avant lui. Son oncle Deshayes, de la comédie Italienne, voudroit presque intenter un procès en rapt et séduction.

Le 24 mars 1761, M. le Vidame duc de Chaulnes est venu chercher chez la Hecquet, la Corini pour souper chez le comte de Benouville avec le comte de Vintimille. Il a menacé la Courtière de l'hôpital, si son nom étoit porté à la police.

MM. Demonverdun, de Vougny et de Lattagnan, tous trois officiers aux gardes ; MM. Titon de Villautran, de Seve de Fléchère fils, et Pasquier, tout trois conseillers, enfin le gros M. Auvray, ont soupé chez la Harmand, rue des Vieux-Augustins, avec la Belaire, négresse, Palmire, mulâtresse et la blanche Camille, où ils ont le mieux possible, assorti les nuances.

Le marquis de Gamache a envoyé à la Deschamps, une hure de sanglier, que M. Salis a trouvé meilleure que s'il l'eût achetée.

Le duc de la Vallière est venu chez Brissault pour essayer plusieurs bagues. Il avoit décousu son saint-esprit, et le cordon bleu ne se voyoit pas. Que veux-tu, mon cher Brissault, disoit-il : j'ai tant de duchesses !

M. de la Tour-du-Pin a donné six louis à la Carpentier, pour avoir passé chez lui une nuit inclusivement : et chez elle, elle n'en prend qu'un !

Dimanche un chevalier de Saint-Louis avoit retenu chez la Preville l'appartement de devant, pour souper, et il est venu à neuf heures avec une femme que cachoit un mantelet. Ils sont restés ensemble jusqu'à une heure du matin, et n'ont presque pas mangé. Un carrosse bourgeois les attendoit au coin de la rue de Seine, du côté du quai. Il y avoit deux laquais, l'un avec un habit gris, l'autre avec un habit jaune. Il étoit si difficile de suivre les chevaux, que c'est beaucoup de savoir que la voiture a enfilé une cour de la rue du Colombier. La prochaine fois, elle n'échappera pas à des mouches en *échelle*.

Le 4 avril, M. le duc d'Aiguillon a donné quatre louis à Manon, le matin ; l'après-dîner, dix à Saint-Martin; et la nuit, il l'a passée avec sa femme!

M. de Vauvray, maître des requêtes, a traduit, à l'usage de la complaisante Frédéric, le livre qui a pour titre: *De usuflagri in re venerea*.

On entend souvent crier, chez la Desgranges, rue du Roule, M. Pasquier, agent-de-change, syndic des tontines; et quand on lui en parle, elle se met à rire.

La demoiselle Laforest a fait demander à l'inspecteur *Marais* s'il y avoit du danger pour elle à mener ses six chevaux à la revue du roi. Il lui a été conseillé d'être modeste, c'est-à-dire, de ne se faire tirer que par quatre chevaux, parce qu'il vaut mieux faire pitié que de faire envie.

Dubary, qui regarde la Beauvarnier comme une terre, l'afferme tantôt au duc de Richelieu, tantôt au marquis de Villeroi. Elle lui rapporte beaucoup.

La Desbuisson-Grecourt, qui est venue au monde dans une brouette, est parvenue à rapprocher deux nations rivales. Par un traité passé devant elle et signé sur ses genoux, le duc d'Alincourt et milord Beintick devoient s'arranger pour qu'elle ne fût jamais seule, même la nuit. Ils devoient l'adorer, chacun à leur tour, vingt-quatre heures. Ce n'est pas elle qui se lassa d'eux.

La Desforges avoit prié le baron Daurillac de vouloir bien lui faire raccommoder sa tabatière par son bijoutier ordinaire. Il fit plus, il lui prêta la sienne qui étoit très-belle, puisqu'elle étoit riche. Quoiqu'il n'y eût pas son portrait, elle s'y attacha tellement qu'elle ne la lui rendra jamais.

La Pinville, qui ayant mis ses charmes au concours, avoit accordé le prix au marquis de Puységur, lieutenant-général, a donné un *accessit* à M. Gondeau, secrétaire des maréchaux de France. Il faut espérer qu'il ne se pendra pas, comme l'imbécille Beauvoisin, pour cette sœur de la baronne de Monmany qui répond de sa fortune parce qu'elle porte de la corde du *pendu* dans sa poche, et le président de Lesseville a pu connoître ces femmes-là !

La Sainte-Foix, veuve du marquis de Duras, s'est coëffée d'un chapelier.

Le chevalier de Choiseul lorgnoit la Beauvoisin. Ah! s'écria-t-il de joie, je viens de lui surprendre une mine qui m'assure que dans huit jours elle sera à moi.

La demoiselle Lacour a ensorcelé M. Magon de la Balue. Personne n'a payé plus cher qu'elle, la découverte de Christophe Colomb. Elle n'a plus qu'un palais d'argent: mais il lui reste toujours la langue.

Le comte de Villefranche avoit déja vu la demoiselle Boismont deux fois, et elle ne s'étoit pas rendue. C'est qu'il ne l'estimoit pas ce qu'elle croyoit valoir. Pour se venger, il l'engage à un dîner chez Bouret. Elle y va sous les armes, comme pour conquérir le Pérou. C'est un mauvais repas que celui où l'on ne fait que bonne chère. Il fallut rire, et la *demoiselle* rioit déja à *gorge déployée*, lorsque les Dieux ivres voulurent voir *Vénus* sur le mont Ida. On crut un moment qu'elle cherchoit le poignard de Lucrèce, et elle n'avoit bientôt plus que ses mains pour se cacher, lorsqu'elle demanda au Tarquin-Villefranche à passer sous une alcove obscure. Là, elle se jette à ses genoux, s'excuse de lui avoir surfait ses faveurs, et que s'il l'arrache à tous ces regards insolens, il trouvera dans ses bras, la récompense de sa protectrice médiation. Comme c'étoit lui qui avoit préparé cette lubrique scène, il arrêta le dénouement. Quelques baisers simples furent donnés; mais rien ne fut pris. C'étoit chez elle que le comte de Villefranche devoit, le soir même, achever la pièce. Il y court, il y vole. Quel fut son étonnement, il trouve un ange exterminateur qui garde la porte du paradis !........

La demoiselle Vestris, se met en quatre. Elle a tout-à-la-fois, M. Brissart, M. Hocquart, M. de Sainte-Foy et un Comte Vénitien : et sa maxime est,

Ou n'en flattez aucun, ou contentez-les tous.

Mais elle sait aussi qu'*une souris qui n'a qu'un trou est bientôt prise.*

M. de Craffort, en exigeant de la danseuse Desforges, qu'elle ne vît plus Grenier, le danseur, lui avoit promis douze mille francs, pour les marier ensemble, quand sa passion seroit finie. Il étoit encore amoureux d'elle, lorsqu'il les surprend l'un et l'autre qui n'attendoient pas sa dot.

La plainte est pour le fat, le bruit est pour le sot ;
L'honnête homme trompé s'éloigne et ne dit mot.

Ce n'étoit point assez pour un anglois. Il lui envoya vingt-cinq louis, pour qu'elle pût attendre des dupes.

Le chevalier Eclhin qui n'est pas un de ces anglois qui disent que parler, c'est gâter la conversation, ne se contentoit pas d'enchanter mademoiselle le Clair. Il poussoit aussi des soupirs-scherlins pour mademoiselle Lafond. La le Clair les rencontre et les soufflette tous les deux. Elle se vengea encore mieux : car le soir même, elle a couché avec M. Depienne, l'ennemi de son infidèle. Mais pourra-t-elle oublier qu'elle a reçu de lui pour étrennes, une rivière de diamans de 27000 liv., une bague d'un seul diamant de 6000 liv., et une robe d'étoffe d'or ; enfin pour plus de 60000 l. de ducats, en trois mois ?

Mademoiselle Collette, actrice, a reçu hier, dans une corbeille, sous des rubans et des fleurs, un petit, petit, petit chien qui n'aboye jamais et ne mord personne. Elle en est folle, et on est obligé de lui rappeler quelquefois qu'une jolie femme ne doit pas jeter sa langue aux chiens.

La Favier a trois amans, M. Durand, M. Toquini et M. de Sully. Ils se connoissent et conviennent entre eux de leur jour de service. Comme elle ne sait pas même qu'ils se parlent, leur plaisir est de jouir de toutes les peines qu'elle prend pour les tromper. Peut-être chacun d'eux a-t-il l'amour-propre de croire ce que dit la Rochefoucault : le corps peut avoir des associés, mais jamais le cœur.

M. de Senac avoit envoyé son bonnet de nuit chez la Beaupré. Il arrive à l'heure du berger. Quelle fut sa surprise ! Un laquais vient au-devant de lui. — Mademoiselle est désespérée de ne pas vous recevoir. Elle a été forcée de donner à souper à M. Joly, danseur des François, et elle vous prie de ne pas vous compromettre. La prudence l'emporte sur la colère. Il se retire. Mais où exhaler son dépit ? Chez la Brissaut, où tout *concourt* à le consoler. La fierté succède à la jalousie. On ne hait pas ce que l'on méprise. Il voulut du moins la faire rougir de ses bienfaits ; il envoye à celle qui osa manquer à un fermier général, cinquante louis pour faire ses couches, avec une bassinoire d'argent. Elle lui fit passer des remercîmens et des excuses qu'il ne reçut pas. C'est là le plus beau moment de la vie de M. de Senac.

La Molar, d'un village près de Luneville en Lorraine, a été long-tems cuisinière, long-tems femme-de-chambre. Elle voulut être maîtresse : elle la devint du chevalier Dasnière, qui la proclama dans son hôtel, rue Baubourg, baronne de Morisuze. On la crut sa parente ; et M. Cherin étoit déja chargé de lui faire une généalogie.

Le président de Gourgues a fait meubler à mademoiselle Baligny-Fontaine un sallon en damas-cramoisy ; mais elle n'a rien de plus beau que ses bras de cheminée : son feu est d'or. Le ciel de son lit est en glace : elle ne voudroit jamais dormir, tant elle a de plaisir à s'y voir. Des guirlandes portent cette inscription : *fais le bien*. On ne sait si c'est un précepte ou de l'amour ou de l'évangile. Elle a une manière de serment qui n'est qu'à elle, pour assurer de sa fidélité : que je *devienne chien à quatre pattes !* que je *tombe sur la pointe d'une épée !*

Mademoiselle Lafond commence à s'accoutumer avec cette nation,

Dont les sanglans couteaux
Coupent la tête aux rois, et la queue aux chevaux.

Milord Forbes lui montre sa langue : elle n'entend encore bien que *Kismi* : mais comme elle avoit à cœur sur-tout de comprendre les lettres où son père lui recommande de tirer sur lui toutes les sommes dont il aura besoin, elle s'est attaché un interprête qui lui met tout en français, *le baron de Saint-Cricq*.

La demoiselle Ledoux, après avoir touché beaucoup d'argent qui ne sent jamais mauvais, s'est apperçu que le baron de Cope n'étoit pas bon à mettre sur les dents, parce qu'il avoit une haleine qui faneroit ses lèvres de rose : elle l'a exilé. Il en rappelle

rappelle au lieutenant de police qui a ordonné une consultation de dentistes.

La demoiselle Sainte-Foix a mis en gage, pour le marquis de Duras, pour plus de 6,000 livres d'effets : elle a endossé pour lui quatre lettres de change ; elle est même décrétée pour lui de prise-de-corps ; et il la quitte ! et c'est pour prendre la Clermont ! Comment toutes les filles ne s'entendent-elles pas pour couper les vivres à un marquis qui est plus méprisable qu'elles ? Son signalement devroit être dans toutes les ruelles.

Nos seigneurs les évêques d'Orléans et de Grasse font tomber le rosée du ciel sur la dame Chavasse, qui connoît à fond l'histoire ecclésiastique. On est tout étonné de lui entendre citer S. Lucien, martyr d'Antioche, qui consacroit ou dans la main d'un diacre, ou même sur une poitrine. Quoiqu'elle aime beaucoup encore le talent de la chaire, elle ne se contente pourtant pas du pain de la parole. La simonie l'a beaucoup enrichie, et elle ne peut s'empêcher de dire plusieurs fois par jour, dans ses élans de reconnoissance : *le doigt de Dieu est ici.*

M. le vicomte de Chabot, qui sait si bien ce qu'il faut à monseigneur le duc de Chartres, est absent. C'est M. de la Tour-du-Pin qui est chargé des plaisirs de son Altesse: mais il n'a pas la main si heureuse.

Il faut que Louison Deshays soit, comme on dit, bien bas percée; car elle a vendu son perroquet, en qui elle avoit mis toutes ses complaisances. Comment ne pas l'idolâtrer? il juroit comme *Vert-vert*? Une femme n'entroit pas chez elle qu'il ne l'appelât putain.

Vive Jesus! il est sorcier, ma mère.

La demoiselle le Clair, qui danse si bien les allemandes à Saint-Cloud, est réduite à M. de Boussonville, mousquetaire, qui ne sait pas même manger son bien. Elle sait pourtant bien que les sots n'aiment pas. C'est lui qui, entendant dire dans le foyer des Italiens qu'on travailloit à réhabiliter la mémoire de Lally-Tolendal, s'écria: ah! tant mieux, nous aurons donc le plaisir de le revoir!

M. Chalabre, brigadier des armées du Roi, qui avoit gagné au jeu la joueuse Amelin, avoit passé trente-cinq ans à lui faire deux enfans, lorsque la mort menaça cette mère que la nature recommandoit à la loi. Le curé de Saint-Eustache vint offrir les saintes huiles, et M. de Chalabre lui fit administrer à la fois l'extrême-onction et le mariage. La main froide de la malade se réchauffa sous l'anneau. Elle étoit perdue pour l'amant, et l'époux la retrouva.

Caillot et la Beaupré ont trop bien joué *Annette et Lubin*, pour que le parterre ne se soit pas apperçu que c'étoit l'amour qui les souffloit.

C'est dans l'église des Petits-Pères, à la messe de midi et demi, que toutes les élégantes, le dimanche, passent la revue. Il arrive plus d'une fois que le prêtre à l'autel,

 Au lieu de dire un *fratres oremus*,
Roulant les yeux, dit, *fratres,* qu'elle est belle?

C'est-là que le duc de Barwick dit tout bas à la Beaulieu : cinquante louis....: et ils sortirent ensemble.

La Testar, pour remplacer le prince de Conti, a fait une promotion. Elle a choisi

M. de Gribauval, lieutenant-général des armées, M. Douet de la Boullaye, maître des requêtes, M. Thomès, conseiller au parlement, M. de la Rondarelle, et pour surnuméraires, le chevalier de la Tour et le mousquetaire Duperier, qui tous conviennent que dans ce moment si court où l'homme croit qu'on lui ouvre les cieux, elle s'écrioit en partageant leur extase, ah! mon cher Marigny, où es-tu?.... Je t'adore. Monseigneur le prince de Conti l'avoit entendue lui-même. O bisarrerie! C'est peut-être parce que ce Marigny avoit passé les mers.

Marie-Angélique Collar, dite Duharlay, de Versailles. Son père étoit le frotteur de *Mesdames*. C'est l'abbé de Neuville, qui croyoit que la femme est comme la grace à laquelle on peut résister, mais à laquelle on ne résiste jamais, qui s'étoit chargé de son éducation. Il lui fit tout apprendre, excepté ce qu'il étoit bon qu'elle sût, que quand on n'est point riche, c'est de la sagesse qu'il faut acquérir avant tout. Pour la garder chez lui sans scandale, il fallut la marier; car elle étoit grosse: un garçon tapissier consentit à endosser l'enfant, pour une pacotille de 3000 l. avec laquelle il passa aux îles. Quoique mariée elle en fit encore un, et l'abbé se dégoûta d'un champ trop fertile. Elle vint à Paris trouver une sœur qui lui céda pour quelques jours la moitié de tout ce que lui donnoit M. de Milly. Mais ce procureur au Châtelet, qu'épuisoit déjà l'aînée, céda la cadette à M. Lany, maître des ballets de l'Opéra qui, après avoir sondé ses dispositions, en fit sa maîtresse et son écolière.

Pouponne est à la campagne du marquis de Brancas. Elle ne porte que des habits d'homme. On diroit que les femmes s'y trompent.

Le comte de Rochefort arrive ce matin chez la Brissaut : il étoit prêt et pressé. Elle n'avoit qu'une fille de renvoi. Elle l'a fait passer pour la veuve d'un tapissier, qui n'a jamais porté son mari que sur les épaules. Il eut beaucoup de peine à la déterminer, même en lui offrant une tabatière d'or, à le suivre rue de la *bonne-Morue*. En l'emmenant, comme il sait que les amours ne sont point éternelles, il a chargé la

Brissaut de lui chercher, pour la Saint-Jean, une femme de condition.

La Montigny qui a dépensé plus de 20000 l. pour se faire aimer du jeune Dubouloir, le fils du garde-marteau d'Avallon, jusque-là qu'elle s'est prêtée aux fantaisies du duc de Montmorency, pour qu'il plaçât son amant dans les gendarmes de la garde, a appris le mariage de son Jason, et furieuse comme Médée, elle oppose à un contrat, à un sacrement, la promesse qu'elle a de lui, qu'il n'épouseroit qu'elle, avec un dédit de dix mille francs.

La demoiselle Raye, qui a une grand'mère, une mère, deux petites sœurs, une femme-de-chambre, un laquais et une cuisinière à nourrir, est forcée de mettre ses charmes au rabais. M. Blagny en a joui de pied-en-cap, pour un billet de quatre voies de bois à prendre chez son marchand.

Le baron de Varseberg qui l'avoit poussée jusqu'à 25 louis, n'a pas été content d'elle. Il la trouve trop décente au lit. C'est lui faire un tort d'une qualité que n'ont pas toujours les femmes honnêtes, de conserver de la pudeur, même quand il n'y a plus de chasteté.

Marie-Catherine Carlier, de Tracy en Picardie, en fuyant le valet-de-chambre du duc d'Orléans, un Durosay, qui ne lui donnoit que des coups de bâton, est tombée sous la main du comte de Roncet qui la menace de coups de fouet de poste. Du moins celui-ci lui promet-il des rentes, si elle se conduit bien.

La Brissaut est accouchée d'un garçon. C'est M. de Rupière qui a tenu son enfant avec une de ses *pensionnaires*, sœur de sa maîtresse, la Saint-Lau. Celle-ci étoit couchée en joue depuis long-temps par M. Roulier d'Orfeuil, qui avoit promis de l'argent à la Brissaut, si elle pouvoit la lui livrer, à l'insu du titulaire. L'occasion étoit bonne, elle fut invitée à la collation, et c'est pendant le baptême, lorsque le compère étoit à l'église, que la plus infâme des mères se fit un plaisir de trahir le père spirituel de son enfant. Elle cachoit une bourse de 25 louis lorsqu'on lui présenta des dragées.

La demoiselle Ménage, indignée de ce que M. Dupessis ne vouloit pas lui donner une robe, a couru chez la Montigny, et elle en étoit déja, en une soirée, à sa troisième vengeance, lorsque le conseiller au parlement qui savoit où elle étoit et ce qu'elle faisoit, lui apporta des excuses et une robe.

La *figurante* Siam a déja reçu bien des roubles du prince de Belosensky. Mais il est si lourd, si lent, qu'elle ne cesse de dire : comment peut-on être Russe ? Vous devriez bien lui donner quelques leçons, disoit-elle au chevalier de Bussy. Ah! il sera toujours gauche, dit le chevalier : car tu ne lui laisses pas un sol pour payer son maître.

Ce *Schmitz*, qui joue si bien de la flûte traversière,

Homme de bien, se faisant tout-à-tous,

s'intéresse toujours aux plaisirs des princes étrangers. Il les marie, tant qu'ils veulent : et ce qu'il y a de bon avec lui, c'est qu'il *assure* les femmes qu'il donne.

La demoiselle Suavi, que le chevalier

Lambert, banquier, a mise sur la place, quand elle n'a rien de mieux à faire, couche avec Auguste, son valet-de-chambre, qui comme les laquais de l'ancienne Rome, jouit *libertate decembri*.

La le Blanc vient de prendre M. de Morfontaine, parce qu'elle a besoin de repos. Il ne lui donne que quinze louis, et on lui conseille de se faire payer d'avance. Il s'ennuie facilement, parce qu'il ennuie toujours. Peu lui importe qu'on ait les yeux noirs, qu'on ait les yeux bleus. Ce n'est pas lui qui a observé que les noirs peignent l'esprit et les bleus peignent l'ame. Il ne lui faut que du sexe. *Marcelline* pour lui est toujours une femme.

Beau jour, bonne oeuvre : un monsieur *Berger* a présenté le samedi saint au duc de Grammont, à sa maison du Pont-au-Choux, la fille d'un cordonnier, la Faisan. Le duc crut avoir trouvé le chemin étroit du bonheur ; parce qu'il ne put chanter *alleluia* que le troisième jour. Un garçon boucher avoit pourtant déjà passé par-là.

La Brissaut a rencontré au bas de l'opéra

le comte de Thiares èt le comte de Bissy, l'un avec la comtesse de Valentinois, l'autre avec madame de la Vallière et madame de Flavacourt. Elle leur fit des reproches de ce qu'ils ne lui avoient donné depuis long-tems aucun signe de vie. Ils lui dirent tout bas : nous avons là de grandes dames qui nous occupent assez.

M. de Sainte Colombe, mousquetaire, se trouva chez la demoiselle Raye, au moment où une marchande à la toilette vint lui proposer un déshabiller de satin bleu. Il lui demanda comme une grace de lui en faire cadeau. Cette attention commandoit de la reconnoissance, et il trouva qu'elle avoit le cœur sur la bouche.

La Beauvoisin qui ne veut point ouvrir au duc de Grammont qu'il ne lui ait donné des girandoles de diamans, a été servante de M. Cadet, chirurgien, rue Montmartre.

Beaucoup de péchés vous seront remis, parce que vous avez beaucoup aimé. C'est d'après ces paroles consolantes que la danseuse Valentin qui a entraîné tant de pécheurs dans la voie large de la perdition, a fait venir un confesseur qui lui a conseillé de donner à l'église tout ce qu'elle avoit, pour aller chercher des indulgences à Rome. Elle a fait venir M. Leguay, premier commis de la marine, à qui elle vouloit rendre tout ce qu'elle avoit reçu de lui. Celui-ci flatté de n'avoir que Dieu pour rival, a tiré de sa poche quatre actions des Fermes, de 4000 liv. chacune, payables d'année en année, et un contrat de 500 liv. de rente. Son directeur lui a permis de les recevoir comme des biens qui venoient d'*en haut*.

M. Bernard, comte de Coubert, depuis qu'il a trouvé chez la veuve Virinque, un procureur avec qui il auroit pu se battre, si un procureur se battoit, met toujours en entrant, son épée nue sur le lit de sa maîtresse.

Madame de Touteville est accouchée dans les bras de M. de Potocki. Il n'y avoit qu'un mois qu'il la connoissoit. Du moins sa voiture et ses diamans étoient de lui.

Le comte Matouski dormoit sur le sein de la Duthé, lorsque le duc de Durfort les éveille tous les deux. Et le Polonois de se sauver, et le François de le poursuivre jusque dans la rue. Le guêt le rencontre en chemise et le couvre d'un manteau.

Madame Christan a conduit elle-même à Chantilly, au prince de Condé, sa fille qui quoique parée, ne laissoit pas que d'être bien. Il apprit bien vîte, à cet enfant, à faire des *charades*. C'est elle qui a trouvé dans son nom les jeux de l'amour et du hasard.

M. de Genlis n'a pas craint de présenter sa *Duthé* à sa femme qui a eu l'attention de la trouver jolie.

M. l'ambassadeur de Venise a donné une bague de 50 louis, et 25 louis en argent au petit Fleuri, comédien de la troupe-Montensier, pour qu'il lui montrât

> Ce que jadis le héros de la Grèce
> Admira tant dans son Ephestion,
> Ce qu'*Adrien* mit dans le panthéon.

Depuis que la *Colette* des Italiens a aux oreilles pour plus de six mille francs de diamans qu'y a mis le comte de Rochefort, elle parle si doucement, si lentement, qu'elle ne seroit point entendue, si des échos galans ne la répétoient, quand elle dit à ses gens : mais faites donc avancer mon carrosse. Elle s'est appris devant son miroir à grasseyer en récitant ces deux vers du gros joueur Morin :

<blockquote>
Ze fais avant le zeu le signe de la croix,
Et si, ze n'ai jamais pu gagner une fois.
</blockquote>

Le marquis de Persenat tenait sous les verroux la Saint-Prix, et personne ne l'approchoit que son nègre laid comme le diable. Mais le diable ne lui fit pas peur.

La baronne de Wasberg se vante d'avoir forcé le comte de Lamarche, de s'écrier en colère : en vérité, si les animaux de maris savoient la peine qu'on se donne pour caresser leurs femmes sans qu'ils s'en apperçoivent, loin de s'en fâcher, ils en auroient de la reconnoissance. Son mari a donc bien des obligations au jeune de Laumur, aide-de-camp du général Lally !

La dame Tisson, fille du cardinal de Gesvres. Son mari étoit lieutenant de robe-courte. Elle lui avoit trop bien développé ces grands principes de la coutume : les bons maris ne savent jamais rien.... et quand vous verriez tout ne voyez jamais rien : pour trouver mauvais tous les actes que passoit sous ses yeux le notaire Bronod, de la rue Sainte-Avoye.

Le marquis de Genlis est en marché avec la Danozanges. Il lui offre quarante louis par mois. Elle en veut cinquante. En attendant qu'il se décide, M. Roulié d'Orfeuil lui a donné un billet des fermes de 1000 liv. qu'elle s'est déja fait escompter à 200 liv. de perte.

Le prince Louis, co-adjuteur de Strasbourg, qui a été très-malade, commence à prendre le dessus. Il est avec madame de Brionne.

M. de Noé, évêque de Lescar, aime beaucoup madame de Damy, la femme d'un conseiller au parlement de Pau. C'est pourtant un bénéfice à résidence.

L'abbé Alliot que son père, attaché au roi de Pologne, croit au séminaire, éprouve sa vocation chez la Mezières, au Cadran bleu, proche la rue des Jeûneurs. On lui croiroit de l'esprit, puisqu'il est bossu : mais il n'est pas même bon à faire un prêtre.

Madame de Soltikoff, la femme du ministre de Russie, donne souvent rendez-vous dans son carrosse à un gendarme qui a une figure *à la saxe*. Le cocher qui n'a pas d'yeux derrière la tête, ne sait pas pourquoi ses chevaux s'arrêtent tous les soirs, rue Saint-Martin, au coin de celle de Montmorency.

Le prince de Rohan a écrit à madame de Fleury qu'il avoit vendu deux terres 1,400,000 livres, et qu'une coupe de bois lui rendroit mieux de 500,000 livres. Elle espère bien qu'il y a de quoi payer ses dettes ; mais comme ses besoins sont pressans, elle se fait donner de l'argent par un certain Huet qui en vend ordinairement plus qu'il n'en donne, au prix où elle l'a, c'est le bien payer ; car il est laid comme le vice.

On demandoit, dans un *gala*, à M. le duc de Chartres, pourquoi il avoit abandonné la Duthé ? — C'est que je n'aime point le thé-vert. Ce mot, que les libertins seuls devoient entendre, les femmes même le comprirent.

Le marquis de Letorière, officier aux Gardes-Françaises, est toujours à la mode. Les femmes s'en parent comme d'un bouquet ; elles le portent comme un ruban.

On commence pourtant à le comparer à ces beaux chevaux de manège qui ont les ressorts usés à force d'avoir piaffé entre les piliers.

Le boucher Colin entretient la demoiselle Pelin de viande : elle demande toujours de la *culotte*.

La demoiselle Cornu a changé de peau : elle a débuté avec celle d'un mulâtre ; et ce sont actuellement des lys par-ci, des roses par-là. Sa blanchisseuse en trouve jusque dans son linge.

Le marquis de Genlis qui savoit que la Baligny n'étoit jamais en si mauvaise compagnie que quand elle étoit seule, ne la perdoit point de vue. Un matin qu'elle s'étoit purgée, il crut n'avoir pas à se méfier d'elle : il sort ; elle se lève et court chez son *Minot*, commis à la capitation, qui ne s'apperçoit pas

pas qu'elle ait ni séné, ni rhubarbe dans le corps. Elle revient dans sa chaise à porteur, rentre dans son lit, où le marquis de Bonne-Foi arriva encore à tems pour essuyer complaisamment les désagrémens d'une médecine.

Le duc de la Vallière, qui se lasse d'avoir des filles à bail, propose à Brissaut un abonnement : elles lui arriveront à Mont-Rouge, franches de port, moyennant 6000 livres par an, le premier trimestre payé d'avance.

M. De Guerigny apprivoise dans sa petite maison, rue du Carême-Prenant, une petite bourguignone de treize à quatorze ans; si elle en avoit seize, il n'en voudroit plus.

La marquise de Piercourt cache sous le manteau de Brissaut ses amours roturieres, avec le fils du marchand *Dupré* de la rue des Bourdonnais. Elle lui a fait mettre en gage jusqu'à une cafetière d'argent, sur laquelle la Maillard lui a prêté sept louis, à trente-six sols d'intérêt, chaque, par mois.

M. Robinson vouloit bien payer la très-belle tête de la trop grosse Wolff cinquante louis par mois, avec vingt mille francs de pierreries ; mais à condition qu'elle se soumettroit aux lunettes de son chirurgien. Elle apprit à l'anglois qu'en France on ne rend point l'argent quand la toile est levée.

M. Saimson s'arrachoit les cheveux, parce qu'il a trouvé la demoiselle Lafond presque chez le baron de Steriq. De quoi vous plaignez-vous, lui dit-elle, avec l'ironie du bonheur ? vous m'avez dit si souvent que si vous n'aviez pas de maîtresse, vous auriez six chevaux dans votre écurie! Je serois au désespoir de leur faire tort d'un picotin. Prenez votre parti comme M. de la Ferté, quand je l'ai quitté pour vous. Saimson ne lui pardonnera jamais de ne l'avoir pas trompé.

Le marquis de Paolucci, ministre de Modene, qui avoit traité de la demoiselle Desprez avec l'ambassadeur d'Espagne sur le point de partir pour Londres, lui proposa de le suivre. Mais elle venoit de lire je ne sais où, qu'il valoit mieux se coucher sans souper que de se lever avec des dettes, et il lui en eût trop coûté d'emporter à ses créanciers plus de 20 mille francs. A cela ne tienne, dit l'excellence : et à l'instant les vingt mille francs sont payés. On part, et après quelques postes, on se querelle et on se quitte.

C'est un grand bien pour le marquis de Paolucci d'avoir perdu ses vingt mille francs.

Enfin la baronne de Wasberg est rendue : demain à dix heures du matin, elle ira chez madame Pauquet, marchande de Modes, rue Saint-Denis, près Saint-Magloire, pour acheter de ce surplus, chose si nécessaire. On lui montrera tout ce qu'elle ne cherche pas ; et au moment où elle feindra de s'en aller : mais madame la baronne veut-elle se donner la peine de monter au magasin ? Peut-être trouvera-t-elle ce qui lui convient. On monte, et c'est le comte de la Marche qui se présente, prêt à lui mesurer tout ce qui peut faire plaisir aux dames : on dit qu'elle n'a jamais rien eu à si bon marché.

Le comte de *Bintheim* s'étoit endormi jusque dans le lit de la demoiselle le Clair : elle qui n'étoit point assez lasse pour avoir besoin de repos, brûloit d'être au bal de l'opéra; elle se lève doucement, et déjà il est seul. Sa main la cherche : sa voix l'appelle. Est-ce que vous me l'avez donnée en garde, répond l'amour? Demandez-le à Plutus. Il ne lui restoit plus que le plaisir de la vengeance, et il étoit vengé avant même de sortir. Il se met en domino, vient chercher sa coucheuse; la trouve prête à achever M. Monville, il l'aborde et lui dit à l'oreille : il faut croire que jusqu'à présent vous avez regardé le comte de Bintheim comme une bassinoire : vous vous êtes bien trompé, car il pisse au lit.... et il se sauve. Ce peu de mots l'inquiette, la trouble. Elle a des vapeurs : il faut la remener chez elle; et à peine a-t-elle touché de son pied délicat l'édredon de morphée qu'elle s'apperçoit, à des traces froides et humides, qu'un profane a souillé l'autel des graces.

Un anglais, M. de Saint-Jean, qui avoit soupé chez le baron de Waugen, à la porte Saint-Denis, eut le bonheur de reconduire la demoiselle d'Ornay à son hôtel, et sans voiture, pour être plus long-temps ensemble. Chacun parle de ses besoins. A Saint-Jean, il ne falloit *qu'un joli* femme ; mais ce *joli* femme vouloit cent louis. --- Hé bien, ma bourse, sans compter. Elle étoit lourde. Le marché est fait ; l'espiegle d'anglais, après s'en être donné pour le jour, pour le lendemain, enfin pour toute la semaine, rit beaucoup d'avoir attrapé la d'Ornay. Il savoit qu'il n'y avoit dans sa bourse que 42 louis.

M. de Roquelaure, évêque de Senlis, commence à s'attacher beaucoup à la comtesse du Rumain. Il sait bien que ce n'est pas là un bénéfice vacant : mais il s'en charge, parce qu'il n'est pas desservi.

La Dumirey est charmante. Oui, pour les passans, pouvoit dire le comte de la Grandville qui l'avoit approfondie. Il vient de la quitter, pour l'avoir surprise avec la demoiselle Raye, qui vouloit faire l'homme.

Il paroît que le roi veut absolument faire à madame Pater l'honneur de l'aimer une fois. C'est le prince de Soubise qui doit la préparer aux faveurs de sa *majesté*.

Quant au prince de Soubise, il veut

escamoter au comte de Maillebois madame de Saint-Julien, la femme du receveur-général du clergé, qui dîne en peignoir avec des évêques qu'elle invite, et se permet même devant eux

> Ce mot des français révéré,
> Mot énergique, au plaisir consacré,
> Mot que souvent le profane vulgaire
> Indignement prononce en sa colère.

Cette Varenne qui, depuis cinq ans, a reçu au moins 150,000 liv., est dans les prisons de St. Eloi, pour sept louis. Quelle leçon pour celles de son genre !

Une mule avoit rendu de longs services au peuple d'Athènes ; elle fut exemptée du travail, avec permission d'aller paître où elle voudroit. Mais pour ne pas être inutile, elle s'alloit mettre au devant des chariots et encourageoit, en quelque façon, les bêtes de sommes qui les tiroient. On ordonna qu'elle fut nourrie toute sa vie aux dépens du public.

N'est-ce point une *Varenne* que l'histoire nous représente sous l'allégorie d'une mule ?

M. de Champcenetz prend madame de

Neubourg pour sa femme, et monsieur de Neubourg madame de Champcenetz pour la sienne. Tout ce qu'ils exigent entr'eux, c'est que l'adultère se commette comme le vol à Sparte, avec adresse ; jusqu'à ce qu'ils aient fait adopter à Paris la loi des Mingréliens : Quand un chef de maison découvre sa compagne dans l'alcove de son voisin, il n'a que le droit de le contraindre à payer un cochon qui se mange entre eux trois.

Le prince de Condé en est réduit à la comtesse de Roncey que son mari accusoit de l'avoir empoisonné. Pour se justifier, elle lui proposoit de se laisser ouvrir ; il se sauva, craignant encore plus le prince de Condé que sa femme.

Le fermier-général Ferrand, qui ne vouloit pas s'appercevoir qu'il en coûte plus cher pour entretenir un vice que pour élever deux enfans, est enfin forcé de quitter la Rossignol. Mais comme elle a un frère compromis dans une affaire criminelle, elle a prié la *présidente Brissaut* de lui ménager une nuit avec l'avocat-général Séguier et tous ses juges, l'un après l'autre.

Que de femmes en *bonnet rond* qui ont mené des hommes en bonnet carré !

La demoiselle Favier qui a reçu un soufflet du banquier Toquini, à la foire St. Laurent, s'en console avec les piastres de monsieur l'ambassadeur d'Espagne. Sa *grandesse* ne sait pas encore qu'elle a le défaut de suivre malgré elle, le précepte de l'école de Salerne, sur-tout quand elle dort :

Mingere cum bumbis, res est sanissima lumbis.

Le prince de Belosenscky qui prenoit les houris de l'opéra pour des sauvages

Dont l'honneur est armé de griffes et de dents.

sans doute parce qu'elles ont le privilège qu'avoient les religieuses de Numa, d'être soustraites à l'autorité paternelle, a offert, en craignant encore d'être refusé, à la *Lacour*, un collier de diamans de 15,000 l., une robe de velours garnie de queues de marthe, 100 pistoles par mois et 300 louis d'épingles. Elle accepte tout, excepté les épingles : elle ne vouloit point en mettre avec lui.

Le baron de Verseberg, quoique plusieurs filles disent de lui comme Philippe IV de Turenne : voici un homme qui m'a fait passer de bien mauvaises nuits, vient de conclure avec la danseuse *Leclair*. Elle ne se réserve que les *Saimsom* et les *Sody* pour ses jours d'appétit. On appelle ces suppléans, *un qu'importe*.

Le vieux maréchal de Belisle invoquoit la main miraculeuse de Pouponne. Le chevalier de Mouhy l'a menée à ce ministre ; mais elle ne peut s'empêcher de dire en soupirant : monseigneur, que l'homme est peu de chose !

Ladeville, cette savoyarde à qui on ne jettoit d'abord que des liards par la fenêtre, et qui a si souvent, dans les caffés, montré son premier pour louer son second, est presque fâchée d'avoir la voiture du prince Camille. C'est sur-tout la capitation qui lui fait peur.

La dame Deschamps, a depuis six semaines, mangé plus de 20,000 francs à l'écuyer de monseigneur le comte de Clermont, à monsieur Bazin qui, aide de camp de M. de Lally, en avoit gagné plus de 250,000.

Elle avoit encore envie de quelques bijoux. M. de Rupières qu'elle aimoit beaucoup, puisqu'il ne la payoit pas, lui prêta sa bague. Bazin la vit ; le voilà jaloux, furieux. Elle feint des remords.... Je m'en suis assez puni

En m'imposant la peine
D'en aimer un autre que toi.

A l'instant elle renvoye la bague à monsieur de Rupières ; ce sacrifice lui valut une paire de bracelets qui valoit quatre fois plus que la bague.

Que tous les Bazins du monde apprennent donc ce proverbe turc : Si tu me trompes une fois, tant pis pour toi ; si tu me trompes deux fois, tant pis pour moi.

La demoiselle Husse, dont tout homme auroient voulu devenir le mari, mais dont aucun n'auroit voulu l'être, a été surprise, la nuit derniere, par M. Bertin qu'elle n'attendoit pas, avec le directeur des eaux de Passy, qui en chemise n'en avoit pas moins l'épée à la main. Le pacifique trésorier des parties casuels se retira dans sa bibliothèque, pour y lire quelques chapitres de *l'Art de rendre les femmes fidelles*, où il vit bien que de tous tems celles qui savoient si bien faire des filets, ne surent jamais faire des cages.

La Thiery. Son pere, ferblantier, rue du Roi de Sicile, lui disoit souvent, quand elle n'avoit pas encore fait sa premiere communion : Où est votre fichu ? Vous savez que je ne veux pas qu'on paroisse jamais la gorge découverte. --- Mais, mon papa, avec quoi voulez-vous que je me pare ? cette naïveté annonçoit sa vocation. On la vit bientôt vendre ses chemises pour avoir un collier, qu'elle vendit ensuite pour avoir des chemises ; jusqu'à ce qu'enfin pensionnaire de cette *abbesse*, qui vouloit que ses *demoiselles* portassent tous les deuils de cour, elle eut à choisir entre M. Paulmi d'Argenson, M. de Lesseville, président de la cinquieme des enquêtes, et le prince de Conti. Elle les prit tous trois.

Madame la marquise de Piere-Court est folle d'un commis. Elle a plus de quarante ans ; mais elle prétend qu'une marquise n'en a jamais trente pour un bourgeois. Ils se promettent encore l'attachement de la colombe, la volupté du passereau, et la fidélité des tourterelles.

C'est dans les églises et sur-tout dans celle de St. Joseph, que l'abbé de Brilhac donne ses rendez-vous à la d'Albigni, sans doute pour ne pas rencontrer chez elle, ni l'abbé Mangin, ni l'abbé Rémond. Quand la livreront-ils au bras séculier ?

La comtesse de Marville qui est la femme d'un laquais, pour prendre des airs de qualité, disoit ce matin à un conseiller au parlement : Est-ce que je vous ai donné des espérances ? il n'avoit encore couché qu'une fois avec elle.

Ici se trouvent deux mémoires que le ministre renvoyoit au lieutenant de police, et auxquels ne répondoient ni l'un ni l'autre, parceque tous les deux, ils ne s'intéressoient pas plus au malheur qu'à l'innocence.

MONSEIGNEUR,

Lorsque la justice du roi vous a fait ministre de la capitale, chaque habitant a cru avoir de plus un protecteur, un pere.

Daignez, monseigneur, couvrir de ces deux titres un malheureux enfant, que j'ose dire être l'enfant du crime, puisqu'il est celui du *comte* Dubarry. La mere n'est plus ; les suites d'une scène horrible, et qui seroit incroyable, si elle n'étoit consignée dans un testament de mort, l'ont entraînée au tombeau, le 15 de juillet dernier.

En vous exposant la vérité, c'est mettre sous les yeux de la vertu le tableau le plus révoltant du vice et de la débauche; mais votre justice doit l'exiger.

La demoiselle Bouscarelle avoit malheureusement dans sa jeunesse quelque beauté. Ce don de la nature n'a servi qu'à l'environner de séducteurs; mais jamais elle n'en pouvoit rencontrer un qui approchât du comte Dubarry : cet homme odieux la fixa auprès de lui dans le commencement de l'année mil sept cent soixante et treize. La crainte que le comte Dubarry avoit que ses crimes intérieurs et domestiques ne fussent révélés, l'empêchoit de permettre à la demoiselle Bouscarelle de voir même sa soeur hors de sa présence; elle vivoit avec lui publiquement, faisoit les honneurs de sa table, de sa maison. Le juste malheur qui est venu fondre sur la famille Dubarry, à la mort de Louis XV, n'a pas même pu la séparer d'avec le comte qu'au moment de son évasion du royaume : ce qui attachoit si fortement la demoiselle Bouscarelle au sort du comte Dubarry, n'étoit pas l'amour ; elle ne pouvoit plus avoir pour lui que de l'aversion et du mépris ; mais la nature, la tendre inquiétude qu'elle avoit pour son enfant, lui donnoient le courage de surmonter ses sentimens : elle ne s'est séparée du père de son enfant que pour venir mourir dans sa maison sans crainte et sans allarmes.

Voici, monseigneur, la déclaration que cette malheureuse créature a faite de sa main défaillante, le 30 avril dernier, veille du jour où elle a reçu pour la première fois les sacremens de l'église.

Daignez, monseigneur, jetter les yeux sur cet affreux monument de vérité, et qui prouve jusqu'où les passions peuvent conduire l'homme vil qui est soumis à leur horrible empire.

Copie du Testament de mort de la demoiselle Bouscarelle.

Au nom du Pere, et du Fils, et du Saint-Esprit. Ainsi soit-il.

Ceci est mon testament de mort.

« Comme je vais paroître devant mon
» Dieu, dont je reconnois la toute-puissance
» et la bonté, je lui demande pardon de
» tout mon cœur de toutes les fautes que
» j'ai commises pendant ma vie ; je ne puis
» donner de meilleure preuve de mon re-
» pentir sur le scandale que j'ai donné les
» dernieres années de ma vie, que de faire
» la déclaration ci-jointe, que j'affirme sin-
» cére et véritable ; je la dois à la tranquil-
» lité de ma sœur que j'aime tendrement,
» et que je supplie de prendre en pitié mes
» pauvres enfans, et de leur servir de mere.
» Je recommande à ma fille aînée la plus
» aveugle soumission aux volontés de ma
» sœur, que je connois incapable de la
» conduire au mal ; et si par hasard elle
» étoit indocile, ma sœur feroit bien d'a-
» voir recours à l'autorité de son pere qu'elle
» connoit, et que j'estime. Quant à l'autre

» enfant, dont je suis accouchée dans les
» derniers jours de l'année mil sept cent
» soixante et treize, je suis obligée de dé-
» clarer son existence dont j'affirme devant
» Dieu que le remords me fait mourir de
» chagrin. Je déclare donc que cet enfant
» est du sieur comte Dubarry avec lequel
» j'affirme avoir eu des particularités d'où
» provient cet enfant. Je déclare que, lors-
» qu'il sut que j'étois grosse, il me promit,
» avec les plus grands sermens, d'en avoir
» soin, ce qu'il a effectué jusqu'à son dé-
» part, qui est arrivé au mois de mai mil
» sept cent soixante et quatorze qu'il a dis-
» paru. Je me crois obligée de rendre
» compte ici d'un fait que je voudrois me
» cacher à moi-même; il est trop important
» à l'état de mon enfant pour le laisser dans
» l'oubli. Un jour que j'étois seule avec le
» sieur Dubarry, alors incommodé des
» yeux, il fit monter dans sa chambre à
» coucher où il étoit alors, rue des Petits-
» Champs, le nommé Creps, l'un de ses
» valets-de-chambre, et lorsqu'il fut entré,
» il ferma sa porte à double tour, et mit la
» clef dans sa poche, lui ordonna d'avoir
» sur-le-champ avec moi, et devant lui
» comte Dubarry, les particularités les plus
« grandes,

» grandes, ce que je regardai d'abord
» comme une plaisanterie qui augmenta la
» fureur de ce malheureux, au point de
» nous menacer l'un et l'autre, le couteau
» à la main, de nous poignarder si nous ne
» satisfaisions ses desirs auxquels la néces-
» sité me contraignit. Tout ce qui se passa
» pendant ce tems, entre son valet-de-
» chambre et lui, m'a tourné le sang au
» point que je meurs de regret et de cha-
» grin d'y avoir innocemment contribué.
» Le sieur Dubarry a cherché depuis à m'en
» consoler par des promesses qu'il n'a ja-
» mais tenues. C'est lui qui a ordonné le
» baptême de l'enfant à S. Eustache ; on le
» trouvera baptisé comme fille légitime,
» ainsi qu'il l'a ordonné. Je ne doute pas
» qu'après les mauvais procédés qu'il a eus
» pour moi, qu'il soit assez osé pour nier
» tous ces faits qui sont de toute vérité, dont
» je fait amende - honorable de tout mon
» coeur, que j'ai cachés à tout l'univers,
» même à ma soeur qui n'en sait rien,
» même de ce moment-ci; mais que je me
» promets bien de l'instruire, dans mes der-
» niers momens, en lui recommandant de
» faire usage de la présente déclaration, si
» le sieur Dubarry, dont le fils seul a le

« secret, étoit assez malheureux pour refu-
« ser du pain à cet enfant. J'espere que ma
« soeur me pardonnera toutes les peines
« que ma mort va lui causer ; je lui recom-
« mande mes malheureux enfans. Fait dans
« mon lit la présente déclaration, à Paris,
« ce trente avril mil sept cent soixante et
« et quinze, que j'ai faite et signée de ma
« main. *Bouscarelle*,

D'après cette lecture, vous n'hésiterez pas, monseigneur, à accorder à la suppliante soeur de la demoiselle Bouscarelle, la demande qu'elle vous fait au nom de l'humanité et de l'innocente créature à laquelle elle sert de mere, de ne pas permettre que le comte Dubarry sorte du royaume (comme il est sur le point de le faire) à moins qu'il ne dépose chez tel notaire qu'il vous plaira de nommer, trente mille livres, qui serviront premierement à assurer l'existence de l'enfant dont il est le pere.

2°. A acquitter les frais immenses et nécessaires pour le faire condamner en justice réglée.

3°. A payer vingt mille livres, qui seront au moins adjugées à cet enfant.

4°. Enfin pour parvenir à faire rayer des registres de baptêmes de la paroisse de

St. Eustache, le faux nom de Michel-Louis de Limaille, qu'il a, de son autorité, fait donner à cet enfant, tandis qu'à l'époque où il est venu au monde, le sieur de Limaille étoit en Espagne depuis deux ans, et n'avoit pas pu par conséquent voir la demoiselle Bouscarelle, qui n'est pas sortie de la capitale, où elle étoit habitante de la maison du comte Dubarry.

Il n'y a pas d'efforts que la suppliante n'ait employés pour amener le comte Dubarry à assurer tacitement l'existance de cet enfant, dont il a plus d'une fois avoué, en particulier, être le pere ; depuis cinq mois il ne cherche qu'à la tromper par de fausses promesses qu'il lui a fait faire, soit par le nommé Creps, son complice, soit par son procureur et autres personnes ; mais son objet est de suspendre toute poursuite, et de se ménager le moyen de s'enfuir hors du royaume, chargé de son opulence et de la malédiction de tous ceux qu'il aura trompés. C'est, monseigneur, pour prévenir ce malheur que la suppliante se jette à vos pieds, et y met l'enfant du comte Dubarry, qu'elle est hors d'état de nourrir, et qui a le plus grand besoin de votre humanité et de votre justice contre la ruse et la perfidie d'un pere dénaturé.

En marge du mémoire, on lit : point de réponse.

En voici un autre qui n'intéressa pas davantage le ministre.

MONSEIGNEUR,

Permettez que les plus affreux chagrins et la justification la plus pure se présentent à vos yeux.

J'eus l'honneur de connoître à Francfort monsieur le duc ; (je ne le nomme pas par respect.) Il ne peut désavouer que mes idées étoient fort éloignées de cette connoissance. Je vivois chez mon frere, directeur et entrepreneur des spectacles, mes appointemens suffisoient à ma dépense, je n'avois jamais appartenu à aucun homme; mais, *par rigueur, au sçu de tout Francfort*, M. le duc me força d'être à lui; ses beaux procédés suivirent de près ses violences, (je les oubliai ces dernieres) mon coeur devint sensible, et je partis pour Cologne ; alors, je m'apperçus que ma santé devenoit aussi la victime de mes foiblesses pour lui; il en convint, il en fut désespéré.... MM. Balbert et Duprat seroient mes cautions de ce fait, s'il en étoit besoin. Je revins à Paris ;

M. le duc me mit entre les mains d'un chirurgien qui ne réussit point à me guérir ; je continuai de passer le tems. On m'avoit d'abord mis en chambre garnie, ensuite M. le duc loua pour moi une maison toute meublée à la petite Pologne ; puis, ayant changé d'idée, il fixa ma demeure aux Porcherons. Le nommé la Butte, tapissier, faubourg St-Antoine, me fournit des meubles : j'ai en ma possession une quittance signée de ce marchand, du montant du prix de ces meubles ; je les ai occupés depuis le mois de janvier 1760 jusqu'au 4 du mois de mars dernier 1761. M. le duc avoit exigé que j'eusse quatre domestiques auprès de moi, et dans quinze mois ma dépense ne s'est montée qu'à la somme de 15 à 1600 l. sur quoi j'ai payé à ces mêmes domestiques leurs gages. Ce seigneur ne me donnoit que louis à louis, et lorsqu'en 1760 il partit pour l'armée, il ne me laissa que 300 liv. ; j'en devois moitié, j'y satisfis, et depuis M. Thiebault, officier recruteur à Paris (de son aveu) m'a prêté, louis à louis, environ 500 liv. pendant son abscence, dans le cours de laquelle je me suis mis, au sçu de M. le duc, chez un autre chirurgien, qui a été payé la semaine dernière par lui-même ; j'ai plusieurs lettres de ces tems-là qui prouvent en ma faveur ; cependant, par le coup le plus affreux et le le plus bizarre de la part d'un grand seigneur, M. le duc, non content de cesser de m'aimer, a eu la cruauté de m'accuser injustement sur la situation de sa santé actuelle, et de charger de sa procuration un huissier qui est venu chez moi avec un commissaire le 4 de ce mois, accompagné d'une troupe considérable de guet ; cet homme a prétendu réclamer, au nom de M. le duc, tous mes effets. J'allois les abandonner, tant j'étois troublée en ce moment ; mais un de mes parens, connoissant le fonds de mes affaires, interrompit par de bons raisonnemens cet huissier dans ses opérations : maintenant mes meubles sont en la garde d'un tiers pour le profit de toutes les parties. Le gain de ce procès est inévitable en ma faveur ; j'ai pour moi possession et quittance du tapissier qui a fourni les meubles dont est question : mon intention n'est point pourtant de timpanniser le nom de M. le duc dans les actes de procédures, et j'ai pris la liberté de vous détailler ces faits, monseigneur, afin que vous connoissiez au vrai mon malheur et mes justes sujets de plaintes. --- Pour ajouter à tout ce qui vient d'être décrit, je ne puis laisser ignorer que M. le duc, dans les premiers mois de notre liaison à Francfort, quoique mineur, me donna, sans que je lui aie jamais rien demandé, un billet de 12000 liv. portant promesse de passer constitution de rente à mon profit, lors de sa majorité ; il me l'a repris sous un spécieux prétexte, il y a quinze jours : je n'ai plus de billet, encore moins de rente ; je lui ai en tous tems marqué mon désintéressement ; ma conduite et ma garderobe en sont la preuve. M. le duc ne m'a jamais donné que deux robes, aucuns diamans, je n'en voulus jamais ; et je suis très-assurée que, depuis que j'étois avec ce seigneur, je ne lui ai pas coûté 10000 liv. : c'est bien éloigné des sommes considérables dont il a l'injustice de parler à présent : --- Je suis sortie de la maison des Porcherons avec mes hardes seulement, et si je payois ce que je peux devoir dans ce quartier, il ne me resteroit pas la valeur de 200 liv. Vous êtes juste, monseigneur ; ayez la bonté de vous faire informer de ma conduite, de mes premieres mœurs même, vous pencherez en ma faveur par rapport à la privation de mes meubles ; vous ne souffrirez pas qu'un pareil procès soit le sujet des conversations générales.

Je le répète, monseigneur, je vivois à Francfort, chez mes parens, dans une régularité de sagesse qui partoit de ma première éducation, et que j'eusse toujours conservée sans doute, sans les persécutions que j'essuyai alors de M. le duc, pour que je fusse à lui. --- Tout coupable que ce seigneur soit par rapport à moi, je le crois incapable de ne me pas rendre à cet égard la justice qui m'est due... Ce qu'il me fait éprouver aujourd'hui, devoit-il être la récompense d'une bonne conduite et d'un attachement aussi sincere et si peu intéressé ?

M. le lieutenant-de-policee laissoit toutes ces *doléances*, pour continuer ces *notes* qui le faisoient rire.

Le maréchal de Biron qui ne demandoit pas mieux que d'élever dans son jardin une statue à la pudeur, si on eût pu y trouver un endroit où une femme ait résisté, a fait un traité avec la courtiere de *Nesville*, pour que deux de ses nymphes *clapierres* viennent deux fois par semaines prendre l'ordre chez lui. Ce n'est pas une de ses meilleures pratiques ; mais il lui dit :

Allez, prenez toujours, les tems font malheureux.

Ce qui la fâche le plus, c'est que M. Gondeau, qui s'imagine que monseigneur paie pour deux, prétend passer par-dessus le marché. Que ne prouve-t-il plutôt que M. le maréchal ne peut passer pour un?

La demoiselle le Boutillier de la Varenne, dont le pere étoit trésorier des menus-plaisirs du duc d'Orléans, a quitté un officier de la volaille, qui avoit un grand défaut, celui de dormir toute la nuit, pour se consacrer à M. de la Tour-du-Pin. Il ne s'est pas encore apperçu qu'elle n'avoit qu'une main.

Genevieve Dormond, de Troye, avoit été envoyée par son pere chez la dame Blondeau, marchande rue de Grenelle, pour apprendre les modes. Sa figure achalandoit le magasin; car pour la voir, on achetoit un bonnet. Apollon et Plutus se la disputerent : l'un fit des vers sur une puce qui ravageoit les lys et les roses de son sein : l'autre l'inonda d'une pluie d'or. Elle fut flattée des vers de *Dorat* ; mais elle n'en prit pas moins les guinées de M. Waorss qui lui prouva qu'on peut, à toute force, être poli sans être Français.

N'est pas toujours femme de bien qui

veut, à ce que dit la femme d'un épicier de la rue du Pont-aux-Choux, qui, de sa boutique, a passé à l'opéra. Son mari la laissera là, pourvu qu'elle lui donne quelques billets d'*entrée*.

Le vicomte de Sabran, qui par sa naissance devoit connoître cet art d'emprunter et de ne rendre rien, est toujours suivi d'un garde des maréchaux de France qui ne le quitte pas même quand il est couché dans le lit de la *Testar*. Elle s'engageroit bien à en répondre corps pour corps; mais c'est qu'elle ne vaut pas ce qu'il doit.

M. de Bruss, chevalier de Malthe, fait ses *caravanes* avec la petite Déperville; elle lui apprendra à faire la guerre aux infidèles.

Le marquis de Persennat, qui n'étoit plus assez riche pour recommencer son mois avec la Villefort, n'a trouvé d'autres moyens pour la garder que de la céder à son ami le comte de Rochefort. Celui-ci se vantoit devant elle de faire encore deux fois le chemin de Cythère. C'est sans doute, dit-elle, une fois l'été et une fois l'hyver.

Le chevalier Dogane, qui n'a pas beaucoup de crédit, a choisi, pour défrayer la *Souville*, la saison où il ne faut à ces demoiselles que du taffetas et des blondes.

M. de Forceville, qui n'est point parent de la maîtresse du bourreau, quoiqu'elle s'en flatte, parce qu'il est commissaire des guerres, se dissipe un peu avec la cadette Moranville. Elle est très-gaie, et veut que ses amans rient toujours; selon elle, c'est le hibou de *Minerve* qui fait peur aux oiseaux de *Vénus*. On sait tout ce qu'a dépensé ce bon chevalier pour la mauvaise *Dornay*. Il est *fol des filles*, quand elles se disent grosses de lui.

Le duc de Warvick a fait proposer à la marquise de Raoul, qui expie au châtelet des escroqueries, de lui donner de quoi ravoir de la considération, un carrosse et un cuisinier. C'est pourtant lui qui, lorsqu'on lui demanda ce qu'il aimoit mieux, des filles ou des chevaux, répondit : J'aime les filles; mais j'estime plus les chevaux !

Il y a des femmes qui sont comme les poissons ; il faut les endormir pour les prendre. Un notaire de la rue St-Thomas-du-Louvre, qui porte par-tout l'ennui de son *étude*, trouve des femmes, comme s'il savoit ou les payer ou leur plaire.

Le baron de Varseberg, dont la jalousie est à l'amour ce que le vinaigre est au vin, ne va jamais à l'opéra que pour montrer ou le pied ou le poing à la figurante la Forest. On l'entend murmurer : *Sors d'ici, coquine; prends ton paquet.* Qui ne la prendroit pour un ange, quand elle lui répond : monsieur a toujours le petit mot pour rire ?

L'abbé de Fisse Morice, qui demeure au collège de justice, rue de la Harpe, a levé tous les scrupules de la marquise de Melun par ce passage de Corneille :

> C'est bien aux maris à gronder,
> Si quelquefois de tendres flammes
> S'allument dans nos jeunes cœurs !
> Que ne font-ils les galans de leurs femmes ?
> On n'en chercheroit point ailleurs.

Le sien est aveugle ; il ne voit pas ni ce qu'il lui fait, ni ce qu'elle lui donne. Elle envoie tous les matins savoir à son lever s'il veut prendre quelque chose.

Dimanche 6 (en juin 1762) le sieur Brunet, intendant du marquis de Livry, a été chercher dans un fiacre, n°. 57. F. la demoiselle Deschamps et son officier, M. de Salis, que l'on croyoit en voyage, chez M. Fagès, chirurgien, rue de l'Université, et les a conduits dans la maison de madame Josse, à Chaillot, où ils vont essayer leur nouvelle santé.

La demoiselle Hingre, qui danse comme Vestris, étoit à l'enchère. Le prince de Conti avoit déja mis son prix, lorsque M. de Lauraguais, qui sait qu'on ne peut pas payer trop une femme qui embellit ce qu'elle porte, lui proposa soixante mille francs. Elle lui a été adjugée par son frere, qui a eu un pot de vin de cinq cents louis. On la lui a garantie vierge ; mais elle paroîtra toujours l'être, pourvu qu'elle soit prévenue du goût de M. de Laurauguais pour ces deux vers :

    Mais je voudrois qu'en me le laissant prendre,
    Vous me disiez : non, tu ne l'auras pas.

La comtesse de Castel Remlinghen a fait comme le gouverneur de Rhetel qui promettoit de tenir quatre jours, le jour même qu'il se rendit. C'est que le prince de Conti étoit aussi pressé que s'il eût dû mourir le lendemain. Il a cependant six maîtresses toujours prêtes, madame Darty, madame de Boufflers, madame de la Guiche, la marquise de Vierville, fa Boulangere et Théophile ? Comment a-t-on pu dire que les princes n'étoient bons à rien ?

Voilà plusieurs jours que les filles n'étrennent pas. On prétend que c'est parce que les femmes sont moins chères qu'elles.

Quand le conseiller Nouet est à sa petite maison de la Barrière-Blanche, il oublie toujours le conseil du docteur Chirac : Suivez vos desirs, sans les exciter jamais : vous ne vous ferez aucun mal. Mais point de drogues : et le changement est une drogue.

M. Perault, fils d'un riche marchand de fer, a envoyé dans un couvent de Provins, la St. Agnan, qui porte déja son nom. Elle s'ennuie beaucoup du pieux bavardage des religieuses, qui lui répètent sans cesse que

Jésabel n'a été mangée par les chiens que parce qu'elle mettoit du rouge. On pourroit leur répondre, par une autorité plus ancienne que l'écriture : Junon se servoit de rouge ; à la vérité ce n'étoit pas le jour où elle emprunta la ceinture de Vénus.

Madame Boileau se plaint beaucoup de son mari, le greffier-commis du parlement. Dans les premiers siècles de l'église, un bon chrétien, à l'exemple de *Tobie*, ne pouvoit coucher avec la mariée les trois premiers jours des nôces. Aujourd'hui ce sont les seuls qu'il lui donne.

Le mousquetaire de Boussonville n'a plus d'argent ; mais sa figure est une lettre de crédit. La beauté lui fera des avances. Monsieur l'abbé, disoit d'Alembert au comte de Rivarol qui lui demandoit sa protection, avec votre figure, c'est moi qui demande la vôtre.

M. de Beaumarchais fait un cours de physique expérimentale avec la fille de la fameuse Deschamps. Elle entend déja très-bien les sections coniques, les lignes droites, les lois du mouvement, les principes de la superposition, et tout le systême de l'attraction.

La *Duranci* se fait un jeu de brouiller tous les ménages. Elle soutient que les maris et les bonnets ne doivent se porter qu'une fois. L'hymen est fait, selon elle, pour marcher sur les épines. : ce n'est qu'à l'amour à voltiger sur les fleurs. Cette morale a gâté M. de Boulainvilliers : car sa femme et lui ne sont plus que comme deux tisons qui se baisent en fumant.

La marquise de Bellegarde, réduite à vendre ses meubles, se recommande à la Brissaut. Toute dame de qualité qu'elle est, elle donnera du plaisir, même à des *vilains*, s'il le faut. C'es un marchand de vin qui le premier a eu les restes du prince de Conty. Elle n'a pu s'empêcher de se mocquer d'un roturier. Du moins ses plaisanteries étoient un conseil. Elle vouloit qu'il prît pour enseigne de sa boutique Jesus - Christ qui change l'eau en vin.

Madame de Beauharnois étoit au bal de l'opéra avec le colonel du régiment de Soubize. Ils ont disparu pendant 3 heures : et le lendemain

lendemain la femme de chambre de *madame* a dit qu'en déshabillant sa maîtresse, elle avoit trouvé les deux chaussons dans le même bas.

Milord Tass a été arrêté comme il revenoit de la chasse. On croit que M. Séguier s'étoit joint aux créanciers qui sans lui l'auroient manqué. Ce qu'il y a de très-sûr, c'est que cet avocat-général, qui a fait encore plus de chansons que de réquisitoires, et à qui il est arrivé plusieurs fois de se servir, pour écrire des billets-doux à la femme de son voisin, du même papier sur lequel étoit déja la sentence d'un adultère, s'étoit obligé pour une somme de 4000 liv. pour la demoiselle *Lanoix*, engagée avec milord Tass envers le sieur Bugnet. Monseigneur le prince de Conti trouve tout cela fort mauvais.

Le révérend père Fabre, religieux du couvent des grands-augustins,

> Est un mortel tout pétri d'indulgence,
> Qui doucement fait pencher dans ses mains
> Du bien, du mal la trompeuse balance,

Vous mène au ciel par d'aimables chemins,
Et fait pécher son maître en conscience.

Il cherchoit pour le marquis de Pertuis une de ces catins honteuses auxquelles suffit un honnête homme qui a un peu de tempérament, et beaucoup d'écus : il apprend que la veuve Boiselet, rue Saint-Thomas-du-Louvre, avoit une fille qui n'avoit encore jamais touché à l'arbre de vie. Elle raccommodoit des dentelles. Ce fut un prétexte pour qu'il allât lui offrir la meilleure pratique de Paris. Il se charge de la présenter à M. le marquis qui bientôt, seul avec elle, compte ses charmes par ses desirs, lorsqu'un cri que lui arrachent des mains froides comme de la glace, fait rentrer le père Fabre qui feint de se mettre en colère contre le démon de la chair, et ramène la conversation sur les dentelles.

Anne *Denesle*. Elle étoit trop jolie pour qu'on l'épousât. Tous les maris ne sont pas comme les chevreaux, qui ne sont jamais si gais que quand les cornes leur poussent. Cependant elle en avoit trouvé un. Mais la veille de ce jour où elle devoit perdre son nom, celui qui devoit lui donner le sien s'emporta contre elle jusqu'à lui dire qu'elle étoit une bête, ce qui n'empêcha pas les fiançailles. Mais à la messe, lorsqu'aux pieds des autels, le prêtre lui demanda : Prenez-vous pour époux M.... --- Oh! non : je ne suis pas si *bête*. M.... en fut pour ses *avances*.

La dame *Richer*, marchande d'*étoffes*, est malade. C'est le repos qui la fatigue.

C'étoit hier la fête de la demoiselle Lafond. M. de Laferté, qui lui portoit un bouquet, n'a pas été peu étonné de trouver le mousquetaire noir, Saimson, qui, ayant pris le devant, lui en mettoit un. L'oeil morne et pensif, il va l'offrir à sa *Razetti* : le comte de Belozenski se levoit et s'habilloit. Il s'apperçut trop tard qu'il avoit commencé ses visites trop matin.

Le chevalier de Gouillon a amené chez la Brissaut une de ces bouquetieres qui sont en espalier au coin des rues : et comme on le badinoit sur son choix, il jura en sortant qu'il donneroit cent duchesses et trente marquises pour sa bouquetiere.

M. Fargez de Polizy s'est attaché la *Vallée* qui danse aux Français; c'est qu'il a des procès à faire juger.

Le frere de la Veziant a épousé la Picinelli. Il auroit dû lui lire l'ordonnance que fit publier, le 30 novembre 1683, Innocent XI. Il est enjoint à toutes les filles et femmes de se couvrir les épaules et le sein jusques au col, et les bras jusqu'au poing, avec quelque étoffe épaisse, et non *transparente*, à peine, pour celles qui n'obéiroient pas dans six jours, d'être si bien excommuniées *ipso facto*, qu'excepté à l'article de la mort, il n'y auroit que le pape qui pût les absoudre.

La demoiselle Allard, qui sait si bien faire des *sauts*, a eu pour trois courses, chacune d'une heure, trente mille francs du fermier-général Cramayel, qui a encore été obligé de se donner beaucoup de peine pour que le duc Mazarin ne s'apperçût pas de tout l'argent qu'il semoit. Il n'y a que l'apologue qu'a imaginé Louise l'Abbé, cette belle *cordiere* de Lyon, qui puisse expliquer toutes les extravagances que fait commettre aux hommes ce sexe qui les ruine.

et les damne. La folie creva les yeux à l'amour : depuis c'est elle qui lui sert de guide.

M. Cordier, procureur au châtelet, avoit une lettre-de-change de six cents livres à toucher sur la Montigny. Elle l'avoit acceptée pour un de ces élégans manoeuvres que louent les femmes dépareillées, non pas d'après ce qu'ils valent, mais d'après ce qu'ils peuvent. Comme elle faisoit quelque difficulté de l'acquitter, pour ne pas tout perdre, il s'est fait payer *in cute* ce qu'elle ne pouvoit payer *in aere*. Elle dit que si cette monnoie-là a cours, elle ne fera jamais banqueroute.

M. Titon le fils étoit au bal de Vincennes ; il gardoit deux chaises pour la Moranville. La Ledoux, qui en avoit gardées pour lui quelquefois, voulut les lui prendre. Il refusa ; elle jura ; il refuse encore, elle le souffléta. On en conclut qu'elle l'aimoit encore. Mais ne diroit-on pas que la fortune se plaît à faire enrager la vertu, quand on voit un carrosse et des laquais à une *Ledoux* ? Il est vrai qu'elle a été une fois à la Salpêtriere.

La Girard, que l'on croyoit ne rien mettre de côté, vient de tirer de ses meubles et diamans deux mille livres de rente. Elle se retire au couvent de Ste. Aure, faubourg St. Marcel : mais elle garde toujours sa femme de chambre,

> Fille entendue, active, nécessaire,
> Coëffant, frisant, portant des billets doux,
> Savante en l'art de conduire une affaire,
> Et ménageant souvent deux rendez-vous,
> L'un pour sa dame, & puis l'autre pour elle.

Les religieuses exigent qu'elle aille à confesse *au moins une fois l'an*. Pour avoir quelque chose à dire, elle s'accusoit d'aimer le jeu : c'étoit peut-être la seule passion qu'elle n'avoit pas. Comme le directeur lui remontroit qu'elle devoit en premier lieu considérer la perte du tems... Hélas ! oui, mon pere, dit-elle en soupirant, on perd tant de tems à mêler les cartes !

On a fait une estampe sur M. de Laborde et son opéra. Il est debout appuyé sur un manche à *balai*.

Un de ces Anglais qui disent à un maître de danse : Vous me demandez six francs par leçon pour me faire mettre les pieds en dehors, je vous en donnerai douze, si vous m'apprenez à danser les pieds en dedans; le chevalier *Tournar*, à souper chez les dames de Vasse, disoit sans façon que les femmes étoient bienheureuses de ce que les Anglais venoient semer leur argent en France, parce que sans eux les putains de Paris mourroient de faim. Madame Beaulieu, sa maîtresse, se contenta de lui répliquer que du moins les Français n'étoient pas grossiers comme les Anglais qui n'avoient de poli que leur *acier*; mais rentrée chez elle, elle employa la voie de la *pelle*, comme disoit M. de Bievre, pour ne plus le revoir, malgré tous ses schellins.

La demoiselle Baize éprouvoit un caprice pour Clairval. Elle a été lui demander à coucher comme on demande à dîner. Il lui *prouva* que l'amour, qui ne meurt jamais de besoin, peut mourir d'indigestion.

Le comte de la Marche est blessé :

Eh ! je n'ose dire où :
Mais que je plains ses gentilles maîtresses !

Madame Pitraut n'a dans ce moment

qu'un mousquetaire et un Américain. Elle veut parier qu'elle est la femme la plus sage de Paris : et personne ne parie !

La Sarron a mis la main sur un Espagnol qui l'engage à faire dire des messes pour qu'elle ne devienne pas grosse trop tôt ; mais il a trouvé fort mauvais qu'elle vînt un soir le voir en peignoir. C'est un castillan fier et à étiquette. On dit pourtant qu'il vouloit l'épouser : et l'anneau conjugal est déja commandé. On lira autour : *Virgini pariturae.* Il y a là autant de foi que d'espérance !

La police ne se contentoit pas d'épier le vice sous tous les masques ; l'hymen, qui a tant de raisons de se cacher, soit qu'il gagne, soit qu'il perde à être vu, n'échappoit pas même à ses regards indiscrets. Elle vouloit savoir pourquoi M^e. Havart, ce procureur au châtelet, changeoit si souvent de maître-clerc. Avoit-elle le droit de s'assurer par des espions qu'un mari est comme un sacristain qui, familier dans l'église, passe toujours devant l'autel sans le saluer ? à moins qu'elle n'eût l'intention de demander contre les maris cette loi du Japon contre les fermiers : celui qui manque une année à cultiver sa terre, perd ses titres de possession. Mais ce n'étoit ni au profit de l'histoire ni au profit des moeurs que la police recueilloit les secrets des mariages ; elle n'estimoit pas assez les hommes pour s'occuper de leur réforme ; elle ne vouloit que s'en amuser ou s'en faire craindre.

Qu'avoit-elle besoin de se procurer sur les familles des renseignemens que les familles elles-mêmes seroient quelquefois embarrassées de fournir ? Lecteur, ne crains rien : je ne les publierai pas tous. Mais du moins faut-il te donner une idée des recherches que se permettoit un magistrat dont le pouvoir doit s'arrêter où commence celui de la loi, sur le seuil des portes.

Tout le monde a entendu parler de cette belle Hollandoise, dont le mari jaloux disoit franchement, chez lui, à des hauts et puissans seigneurs qu'il ne croyoit pas capables d'adorer *Venus*, sans toucher à sa ceinture : « Je suis sensible, messieurs, à l'honneur que vous me faites ; mais je ne crois pas que vous vous amusiez beaucoup ; car je suis toute la journée avec madame, et la nuit je couche avec elle ». Mais voici des détails tels que les donnoit un *inspec-*

teur. Les exposer, c'est demander s'ils sont justes et exacts.

„ La dame Paters est l'aînée de six filles de monsieur de Nevenheim l'aîné, d'une des plus anciennes et meilleures familles nobles de la province de Gueldre. La plus jeune de ses sœurs a 10 à 11 ans. Elle a 5 ou 6 frères, un dans le service du roi de Prusse, et deux à celui de la république de Hollande. Le père étoit à son aise et jouissoit de 15 à 20,000 florins de rente. Il avoit une terre considérable dans le pays de Clèves, et il étoit président de la chambre de Clèves, charge dont le roi de Prusse l'a privé. Son épouse qui a été mieux que n'est à présent madame Paters, aimoit la dépense et donnoit dans la coquetterie, ce qui joint à une nombreuse famille, a obligé le père à vendre sa belle terre dans le pays de Clèves; les effets comptans, obligations etc. ayant été dissipés. Il ne lui reste plus qu'une terre dans la province de Gueldres, à deux lieues de Nimègue et à un quart de lieue d'Amevong sur le Rhin. Il demeure avec sa famille dans le vieux château de cette terre qu'il fait valoir et dont le revenu est peu considérable.

Le baron de Spaan (1) aussi membre de la noblesse de la province de Gueldre qu'on dit parent ou allié du père et de la mère de madame Paters, et qui a ses terres dans leur voisinage, étoit fort lié avec eux et ils se voyoient très familièrement, et à en croire la chronique scandaleuse, il étoit très avant dans les bonnes graces de madame de Nivenheim. On veut même que madame Paters soit sa fille, conséquence qui n'a peut être pour fondement que le soin qu'il a pris de l'éducation de cette dame. Il la prit chez lui dès sa plus tendre enfance, elle y a resté jusqu'au tems de son mariage, et il n'a rien négligé pour son éducation qui a été celle qu'on peut donner aux demoiselles de la première distinction, peut-être trop recherchée pour les circonstances où se trouvoient le père et la mère. Ç'à été par un pur hazard, comme on le verra ci-après, que s'est fait le mariage avec monsieur Paters : établissement avantageux seulement du côté de la fortune, mais qui mettoit l'élève du baron de Spaan en état de soutenir le brillant de son éducation, et le ton de grandeur qu'elle avoit pris.

---

(1) Il est député au conseil d'état des états-généraux.

Pour rendre compte du hasard qui a donné lieu au mariage, il faut commencer par traiter de l'origine du sieur Paters.

Le sieur Vansehipper hollandois, après avoir consommé le bien qu'il avoit en Hollande, prit le parti de passer avec sa famille à Surinam, pour y tenter fortune. Il avoit un fils et deux filles ; il n'y passa qu'en qualité de Commodere de soldats qu'on y envoyoit. Par dégré, il parvint à être gouverneur de cet établissement. Les Planteurs étoient intéressés à ménager le gouverneur et à se le rendre favorable ; deux d'entre eux qui étoient bien dans leurs affaires, savoir, le sieur Paters, père de celui dont il est ici question, et son frère cadet, recherchèrent en mariage les deux filles du gouverneur qui les leur donna. L'ainé n'eût que le fils en question, et l'autre qu'une fille. Ces deux couples ne vécurent pas long-tems, et Vansehipper fut établi le curateur de l'un et de l'autre de ces enfans. Il revint en Hollande en 1746 et y amena ses deux pupiles, laissant l'administration de leurs plantations et biens à son fils. Ce Vansehipper, père, étoit revenu riche et aussi avare qu'il avoit été prodigue auparavant. Il n'a pas donné la moindre éducation à ses deux pupilles qu'il a gardé chez lui et laissés aux soins de domestiques. Ils ont appris, comme les gens du commun, à lire et à écrire, à danser et à parler français, mais par des maîtres qui prenoient le moins. Ç'a été inutilement que des parens l'ont sollicité à donner un gouverneur à son petit fils Paters, et à le faire voyager ; celui-ci n'a jamais vu bonne compagnie, et n'a été mêlé qu'avec des compagnons d'école de toute espèce. L'on s'apperçut qu'il avoit quelque penchant pour le sexe, on le voyoit examiner les filles à l'église. Le colonel Hacquet, ami du baron de Spaan, l'acosta un jour et lui demanda s'il ne songeoit pas à se marier, et comment il trouvoit les demoiselles qu'il voyoit à l'église, lui ajoutant qu'il étoit tems qu'il sortit d'entraves, et des mains de son avare de grand père. Paters lui répondit qu'il ne demandoit pas mieux, mais qu'il ne savoit comment s'y prendre. Sur cela monsieur Hacquet lui demanda laquelle des demoiselles qu'il voyoit, étoit le plus de son goût : il répondit que c'étoit mademoiselle de Nivenheim. ,, Peste, dit l'autre, vous n'êtes pas de mauvais goût. ,, Il lui fit à cette occasion un beau portrait de la demoiselle, et lui dit qu'elle n'avoit pas de bien à lui apporter en mariage, fit valoir sa beauté, sa naissance et tous les avantages qui résulteroient de son alliance. Paters dit qu'il n'avoit pas besoin de bien, qu'il en avoit assez. ,, Eh bien, lui dit le colonel, je ferai votre affaire. ,, Le colonel n'eût rien de si pressé que d'aller, sur le champ, rendre compte de cette conversation au baron de Spaan qui ne perdit point de tems pour porter le grand père à donner les mains à ce mariage. Le grand-père fut flatté de la visite que lui fit le baron qui l'engagea à manger chez lui avec son pupille; celui-ci ne plut pas à l'élève du baron, elle le déclara à ce dernier et lui fit entendre qu'elle ne pourroit vivre heureuse avec Paters. Cela n'arrêta point le baron, il poursuivit sa pointe : on fit venir le père et la mère de la demoiselle, et pour montrer du désintéressement au vieux tuteur, on conclut et finit le mariage sans aucun contrat, en sorte que par-là, il y eût communauté de biens. Le père de Paters a substitué une partie de ceux qu'il lui a laissés au cas qu'il n'eût point d'enfans, à la cousine germaine de celui-ci, qui est mariée au comte de Linden. (1) Paters devenu majeur par son mariage a reçu les comptes de la tutelle de son grand-père, sans examen, et lui a donné une décharge générale. Le grand-père et son fils ont profité considérablement de la stupidité de Paters. Ce grand-père est mort il y a trois mois : il a laissé, par son testament, à Paters, 150,000 florins, un peu plus à madame de Linden, et le reste de son bien à son fils très mauvais sujet, qui avoit épousé une femme riche, qui s'en est fait séparer par un divorce et est actuellement mariée à un autre, dans la province d'Utrect : et Vansehipper fils s'est marié, il y a un an, avec une fille qu'il avoit entretenue pendant plusieurs années, et dont il avoit des enfans. On ne doit pas s'étonner que Paters naturellement très-borné, mal élevé, n'ayant jamais vu bonne compagnie et n'ayant eu sous les yeux que de mauvais exemples dans son oncle même, se soit adonné à des bassesses de tous les genres auxquelles il joint la passion du jeu dont les escrocs savent profiter.

---

(1) Des nobles de la province de Gueldre.

Son épouse portée à la dépense et à la coquetterie, fortifiée peut-être par l'exemple de sa mère, ne s'est rien refusé dans les commencemens de son mariage, de tout ce qui pouvoit satisfaire ses desirs. Ne trouvant pas le château de son père propre pour elle, on en loua un dans la même province de Gueldres, qui appartient au comte d'Ahone, lieu fort agréable. Le mari et la femme s'y rendirent il y a deux ans ; comme il est à portée du Rhin, ils furent à l'armée française où on les fêta. Nombre d'officiers sont venus les voir au château dont il s'agit. Suivant ce qu'on rapporte, messieurs de Flamarens et de Chapt ont été les plus empressés. Le mari et la femme ne logeoient à la Haye, lorsqu'ils y venoient, qu'en appartement garni. En 1762, ils y prirent une maison qu'ils firent meubler ; on y tenoit assemblée, on donnoit à manger ; mais madame Paters voyoit peu de femmes, le cercle étoit en hommes. Le mari couroit avec ses anciennes connoissances, alloit jouer chez les Dalevins, et chacun de son côté dissipoit. La femme se mit en tête d'aller passer l'hiver à Paris, le mari y consentit, ils arrivèrent dans la capitale en décembre 1762,

logèrent

logèrent à l'hôtel d'Antragues, rue Tournon. Messieurs de Flamarens et de Chapt furent très assidus auprès d'eux. Mais on prétend que le premier resta seul après 10 ou 12 jours de séjour, et que monsieur de Chapt ne les vit plus dans la suite de leur séjour. On sait à Paris les maisons que madame fréquentoit. Il paroit que le mari et la femme avoient résolu de fixer leur séjour dans cette capitale, puisqu'ils y avoient loué un hôtel, et envoyé ordre à la Haye de vendre la plus grande partie des meubles qu'ils y avoient, et de leur en envoyer quelques-uns avec des chevaux etc.

On fut fort étonné d'un contre ordre du mari, qui suivit de près celui-ci ; encore plus de le voir arriver sans sa femme, à la Haye, sur la fin du mois de mars, je crois ; il paroit qu'il étoit parti à l'insçu de sa femme à laquelle il fit remettre une lettre remplie de sottises atroces, le lendemain de son départ. La femme, après avoir consulté des dames de mérite à Paris, écrivit à son mari, à son père et à sa mère, quitta ensuite Paris, et se rendit chez ces derniers. Cet écrit a donné occasion à bien des histoires qu'on a lieu de croire apocriphes.

Tome II.   O

Il a été question d'en venir à une séparation à *Thoro et à Mensa* : chacun des deux époux se prétendoit fondé à la demande. Il a paru que quoique la femme n'aime pas son mari, elle étoit plus fondée que lui qui n'avoit que ses dépenses et ses dettes à lui reprocher, mais qui n'étoit pas en état d'apporter des preuves évidentes d'intrigues ou de quelque chose contraire au devoir conjugal, etc. Au lieu qu'il n'auroit pas été difficile à la femme de prouver ses déportemens. Cette séparation les mettoit en agitation, chacun avoit pris des avocats : ceux de madame Paters lui conseillèrent de venir trouver son mari, à la Haye, sur une lettre qu'il lui avoit écrite où il lui marquoit qu'il étoit prêt de la recevoir, en se soumettant par elle au pouvoir marital. Elle suivit ce conseil, et se rendit à la Haye avec son père et sa mère, et alla tout de suite dans le logement de son mari qui la reçut. Elle refusa de coucher avec lui à moins d'avoir des certitudes qu'il étoit dans un état sain. Il avoit loué un autre appartement où il faisoit des parties de filles au vu et sçu de toute la ville. On commença à procéder devant la cour de Hollande pour la séparation ;

mais on parvint à faire entendre raison à Paters qui étoit soufflé par un de ses avocats, habile homme, mais dangereux et qu'on appelle l'avocat des mauvaises causes. Les deux époux se sont séparés par un acte amiable, le 20 juillet, lequel a été homologué le 29 par la cour de Hollande, et affiché le 30. Madame Paters vouloit avoir moitié de tout le bien de son mari, entre autres 75,000 florins, pour la moitié de ce qui lui revenoit de la succession de son grand-père : mais, par acte, le mari lui a accordé, les uns disent 30,000 florins, d'autres seulement 20,000, et la moitié de son revenu qui consiste dans le produit de ses plantations à Surinam. L'oncle est, dit-on, garant de l'exécution de ce traité de séparation qui, comme une partie des biens, est substitué ; il s'est aussi engagé de faire et payer 4000 florins de pension viagère à madame Paters en cas de mort du mari. Il s'est fait un partage entre le mari et la femme de tous les effets mobiliers. Après cet arrangement, madame Paters est retournée à la maison paternelle. On juge généralement qu'elle n'y restera pas, et qu'elle retournera à Paris avec sa mère. Elle a donné à son père quelques milliers de florins; cette dame est fort aimable, mais entière dans ce qu'elle veut : son mari la redoutoit; elle persiste à garder une femme de chambre qu'on lui envoya il y a deux ans de Paris, malgré son père, sa mère et le baron de Spaan, parceque le mari étoit persuadé que c'étoit une intriguante qui conseilloit sa femme, et que d'ailleurs celle-ci la combloit de biens. L'expulsion de cette fille auroit appaisé bien des choses, et évité d'un autre côté bien des réflexions et des discours. En général, on croit madame Paters sage, mais on ne peut lui passer sa coquetterie, son envie de plaire et les prises qu'elle donne sur elle, et encore moins son trop d'amour propre et ses airs de mépris à l'égard des autres femmes. Elle ne manque pas d'esprit; elle est très amusante, il faudroit un peu plus de solide dans la tête. ,,

Ce royaume où il est permis depuis si long tems de faire ce que l'on veut, quand ce que l'on veut ne nuit à personne, l'Angleterre, seroit bien étonnée si elle savoit à quelle inquisition privée un magistrat, dont le devoir n'étoit que de surveiller l'ordre public, soumettoit des femmes par lesquelles communiquoient deux peuples rivaux. Vouloit-il décider cette question, si les dames de Londres valent mieux que celles de Paris? En comparant les deux capitales, d'après les faits qu'enrégistroit la police, je peux assurer qu'on ne trouvera pas plus dans l'une que dans l'autre, ni la toile de *Pénélope*, ni la coupe d'*Artemise*, ni la lancette de *Pauline*, ni le poignard d'A*trée*, ni les charbons de *Porcei*, ni la caverne d'*Eponine*. On ne reconnoît pas plus ici que là ce sentiment qui, quand il est pur, prouveroit l'existence d'un Dieu à un peuple d'athées.

Mais comme on doit moins de vérités aux étrangers qu'à ses compatriotes, parce qu'il n'est permis de déplaire qu'à ceux qu'on connoit et qu'on estime, couvrant du voile de l'indifférence les intrigues et les galanteries britanniques, je ne donnerai à lire que ce *rapport*, le plus court de tous, sur une *Milady* qui a deux fois passé la *Manche*, la premiere pour vouloir se corriger, prendre les vices d'un couvent, et la seconde pour prendre ceux du monde.

10 janvier 1759.

Mademoiselle de Bukler, de Londres,

âgée de 24 ans et demie ; sa famille, noble, étoit pour le roi Jacques : en bas âge elle est restée orpheline de pere et de mère, et a été élevée en France, n'est pas parente des autres Bukler où il y a un mylord.,,

,,On l'a mise en pension chez les dames de S. Gervais, vieille rue du temple, sous la conduite de madame de Trente, anglaise, supérieure ; elle y a restée plusieurs années, ensuite on l'a mise aux anglaises de Pontoise, peu de tems après en sortit pour aller en Angleterre auprès de ses parens, et fut reçue d'une vieille tante, d'une humeur contrariante, ce qui détermina mademoiselle Bukler de revenir en France en 1753, avec son frere aîné qui a un beau poste à Londres, et qui l'a mise pensionnaire chez les dames de Bellechasse, jusqu'à ce qu'elle fut un peu plus avancée en âge.

,,Pendant le tems de Bellechasse, elle fit la connoissance de la comtesse de Montmorenci, qui a fait parler d'elle et qui étoit une des bonnes amies de madame la princesse de Soubise, et du prince de Virtemberg ; mais la société cessa lorsque madame de Montmorenci fut rentrée avec son mari.

,,En sortant de Bellechasse, la demoiselle Bukler est venue demeurer, au commencement de 1756, rue de Bourbon, dans un appartement des Théatins, sur la grande porte de l'église, qu'elle loue 650 livres, l'a fait meubler de damas verd à baguette, belle tapisserie dans sa chambre à coucher, et loue ces meubles d'un tapissier, 600 liv. par an. Son revenu est modique, de 5 à 6000 livres de rente de son bien à elle que son frere lui fait tenir ; mais il voudroit qu'elle retournât en Angleterre, ce qu'elle n'entend pas. C'est Voulf qui est son banquier : elle a pour domestiques une jeune femme de chambre, et un laquais qu'elle habille très bien, et qui porte la canne. Ils ont leur argent à dépenser. Pour la maîtresse, elle a son petit pot-au-feu pour dîner, mais se fait apporter tous les soirs un bon souper de chez le traiteur. Se sert de carrosse de remise quand elle n'a pas l'équipage du sieur de Beaufort, ancien capitaine de cavalerie, retiré du service, qui jouit de 14000 livres de rente, demeurant rue de Gaillon ; elle ne se lève jamais qu'à deux heures, excepté les fêtes et dimanche, et à midi on lui apporte à déjeuner dans son lit, qui est du pain et du beure.

,, Elle est belle fille, grande et bien faite, beaux yeux mourans, très blanche, cheveux bruns, belle gorge et jambe faite au tour; elle a de l'esprit et une certaine fierté qui annonce une personne de famille; elle a un fonds de sagesse qui combat continuellement avec son penchant au plaisir, et dans des momens ses passions sont si fortes qu'elle pleure sans savoir pourquoi. Elle a quelques connoissances de femmes de plaisir, sans pourtant s'y livrer absolument. Elle a fréquenté la Dame Quane, anglaise, maîtresse du duc d'Olonne; la vielle marquise de Creil qui loge aux théatins, l'attire chez elle tant qu'elle peut pour y faire venir du monde et jouer; mais mademoiselle Bukler est sur ses gardes, s'étant apperçue que la vieille marquise la trichoit au jeu.

,,Ensuite elle a fait, par le hasard, la connoissance de la marquise de la Capelle, rue du Jardinet, femme un peu commode, âgée d'environ 40 ans, ce qui a occasionné une petite aventure qu'on va dire. Chez cette dame de la Capelle, deux gascons y vont d'habitude, et au mois de septembre dernier, ils engagerent madame la Capelle a aller voir la machine de Marly, et de tâcher de mettre mademoiselle Bukler de la partie, qui à la fin y consentit; bref les voila arrivés tous quatre à la machine. Les messieurs firent entrer les dames dans un cabaret pour se raffraichir, et montèrent dans une chambre à lit qui étoit toute préparée, et une colation d'ambigu sur la table avec toutes sortes de vins de liqueur; son laquais qui la servoit à table, lui dit à l'oreille de ne pas tant boire, s'étant apperçu que les deux messieurs avoient dessein de la griser.

Vers la fin du repas, les messieurs renvoyerent les domestiques, fermèrent la porte aux verroux, et commencèrent à carresser mademoiselle de Buckler et madame de la Capelle. Celle-ci complaisante se prétoit à la petite oye pour échauffer son amie, qui fut fort surprise de ce jeu, et il y eût beaucoup de badinage et de fracas dans la chambre; on ne sait pas au juste ce qui s'est passé; mais le laquais entendant beaucoup de mouvemens et courir, monta et se fit ouvrir la porte, sous prétexte qu'il avoit quelque chose à donner à sa maîtresse, qu'il trouva fort échauffée et sa coëffure bien chifonnée; elle lui commanda de rester et de faire mettre les chevaux au carrosse. Les messieurs en revenant lui firent beaucoup d'excuses, et la demoiselle gardoit toujours un profond silence, et depuis ce voyage elle voit moins souvent madame de la Capelle.

« Elle a fait connoissance chez elle du chevalier de Grammont, exempt des gardes du corps, compagnie de Mirepoix, qui loge en chambre garnie, rue et hôtel des Prouvaires. Il vient souper tous les soirs avec elle, et elle s'endette pour lui ; il n'est pas douteux qu'elle l'aime, elle lui a fait présent, à l'insçu de sa femme de chambre, d'un noeud d'épée de 50 livres, au jour de l'an. C'est dommage qu'une aussi jolie personne ne trouve pas un honnête homme riche. »

A côté de ce tableau où déroge encore le moins la *bonne compagnie*, je découvre une caricature bourgeoise. C'est qu'un inspecteur étoit un valet qui, quand le magistrat ne vouloit pas être grave, devoit amuser son maître. Ce mémoire, remis au lieutenant-général de police, le samedi 15 juillet 1769, ne passeroit-il pas pour un récit de *Frontin* ?

» La dame Très-Court, marchande grainière, en boutique, demeurant rue des Gravilliers, vis-à-vis d'un Sellier, est une grande jeune femme âgée de 28 ans, d'une taille très-bien prise, et d'un embonpoint honnête, assez blanche de peau, les yeux fort vifs, le visage un peu rond, les cheveux châtain-brun, le bras assez bien fait, la jambe un peu grosse et bien tournée. L'optique de ses graces fait le point de vue d'une assez jolie personne. Elle ne paroît point sote. Comme elle fait l'ornement de sa boutique, je m'y suis arrêté, pour lui demander une adresse; et un peu curieux de savoir ce que c'étoit que cette déesse, je suis entré chez elle pour lui demander une bouteille de bierre et des échaudés que j'ai fait venir. Lui ayant fait mon compliment, elle m'a répondu que j'avois bien de la bonté : je l'ai priée, sans conséquence, de me faire l'honneur de me tenir un instant compagnie, attendu que je ne pourrois jamais tout seul boire une bouteille de bierre ; après s'être bien fait prier, elle et une de ses amies qui étoient dans le comptoir, sont venues dans un petit cabinet vîtré, s'asseoir auprès de moi. Nous avons choqué ensemble à la nouvelle connoissance. Elle m'a assuré que j'étois le premier avec lequel cela lui arrivoit, et que la façon avec laquelle je m'y étois pris, lui faisoit présumer que j'étois quelqu'un d'honnête ; et comme sa bonne amie n'étoit point de trop, étant de son même pays, je l'ai confessé.

„ Elle m'a dit être native de la ville de Cherbourg en basse Normandie, qu'il y a huit ans qu'elle est à Paris ; qu'elle a demeuré dans ses meubles, rue Chapon au marais, où elle a été entretenue, ainsi que j'ai compris ; et, après avoir fait la petite guerre, pour se donner une couverture dans le monde, elle a épousé, il y a près de trois ans, un nommé Très-Court, compagnon chapelier, âgé d'environ 50 ans, natif de Paris, qui est fort industrieux à faire toutes sortes de choses, excepté des enfans, qu'elle dit n'avoir jamais eu. Son mari travaille de son métier chez un fabriquant, vient dîner et ne rentre que le soir. Elle m'a ajouté qu'il y a environ un an qu'elle s'est fait passer maîtresse grainière, et y compris les dépenses qu'elle a faites pour l'arrangement de sa boutique, que le tout lui coûtoit environ deux mille livres, sans y comprendre la marchandise pour la garnir. Elle m'a fait voir sa petite cuisine, et une fort jolie salle très bien meublée, tant en glaces, belle commode, cheminée décorée, chaises etc. ; que dans une alcove fort jolie, un lit garni de damas verd ainsi qu'il m'a paru, le tout par bas, plus une petite cour remplie de poulles, où il y a une porte qui donne dans l'allée à côté de sa boutique, par où elle m'a dit que l'on pouvoit sortir sans être vue des mortels curieux. Elle m'a fait entendre que si elle trouvoit quelqu'un de discret, qui méritât de faire sa conquête, tant par de belles façons qu'un pecuniam honnête, elle s'y attacheroit volontiers : je lui ai répondu que si cela étoit, j'en parlerois à quelqu'un de fort riche qui pourroit bien faire son affaire ; sur cette offre, elle m'a embrassé ; je lui ai dit : mais comment feriez-vous à cause de votre mari ? Elle m'a répondu que comme il ne la pouvoit pas trop contenter, et qu'il seroit bien aise qu'elle eût quelque rente au cas qu'il vint à mourir, qu'il lui a déclaré qu'il ne s'opposeroit point à ses volontés là-dessus, et que si quelqu'un venoit pour la voir, ou dîner avec elle, qu'il ne paroitroit pas de la journée à la boutique, lorsqu'elle l'auroit averti. Nous avons ensuite beaucoup plaisanté sur le nom de son mari : elle m'a dit de plus qu'elle avoit été ces jours passés à Versailles, très bien mise ; qu'elle étoit montée dans les appartemens du château, et que le roi l'avoit fixée avec une attention si particulière, qu'elle avoit été obligée de baisser les yeux, et que le rouge lui étoit monté au visage qui l'avoit rendu comme un écarlate. Je lui ai demandé si elle pouvoit sortir quelquefois, elle m'a répondu qu'elle en étoit la maitresse, si elle avoit l'occasion pour cela, attendu que sa bonne amie pouvoit garder la boutique, et vendre comme elle. Elle a en outre avec elle une petite soeur âgée de 11 ans, qui sera fort jolie : la dite femme Très-Court, avant de nous quitter, m'a beaucoup engagé de l'aller voir. ,,

Ces déesses du second ordre fixoient souvent plus l'attention du magistrat blazé que les trop fieres *Junon*, que les trop libres *Venus* : et plus d'une fois dépouillant le manteau de T*hemis*, il venoit lui-même, modeste Amphytrion, jusques dans l'obscurité d'un *comptoir*, séduire une A*lcmene*, fraîche, mais bavarde, à laquelle il donnoit ensuite, de tems en tems, rendez-vous dans la plus haute des loges du théâtre du Luxembourg, précisément sous le signe du *Capricorne*.

Il n'a pas tenu à des corrupteurs publics, qui ne se servoient de leur pouvoir que pour profaner toutes les couches, que cette classe de femmes où se conservent les débris des moeurs, ne prît le petit jargon, les petites manieres, les airs, les façons, les mille et un rien, les caprices, les fantaisies de celles qui n'avoient pour gagner leur vie que leurs ridicules et leurs vices.

Les malheureux qui vendoient leurs femmes pour avoir des filles! Ils n'étoient pas faits pour sentir que les plaisirs les plus vifs, c'est l'hymen qui les donne. Un pere, une mere et un enfant, voilà l'emblême de la félicité. Minerve l'a dit aux hommes, lorsqu'elle prolongea la nuit où Ulysse revit sa fidelle *Pénélope*.

Mais pour ceux que cette image de la vertu ne touchera pas, je vais encore tirer du porte-feuille de monsieur de Sartines, quelques-uns de ces exemples dégoutans que fournit le vice. A Sparte, la vue des Ilotes ivres, étoit une leçon publique.

M. de Walsseberg qui a chargé la danseuse Laforêt, de rubis, d'éméraudes et de saphirs, en lui souhaitant encore tous ceux de Golconde, de Visapour et de Bengale, est assigné par elle a lui payer un billet de 15,000 liv. que lui a fait de sa part son ami *Walxeem*, pour un enfant qu'elle avoit dit remuer et sauter dans son ventre, comme St. Jean dans celui d'Elisabeth, et qu'elle ne fera jamais. Comme le billet n'impose pas de condition, elle prétend qu'elle n'est plus obligée de devenir grosse.

Madame *Lamule* qui, veuve d'un garde de la connétablie, avoit été sous le nom de *Surville*, ouvreuse de loges à l'opéra comique, a été citée à la police comme vendant et louant des femmes sans sa permission. Elle a acheté celle de faire passer à ce vieux duc de Richelieu qui n'a même plus de ces esprits vitaux qui fournissent l'espérance, la Leblanc, pour la femme très-honnête d'un avocat.

M. Gardanne, censeur royal, ne trouve rien dans la *Denerville* de contraire ni à la religion, ni aux mœurs, ni au gouvernement. Comme médecin, du moins devoit-il y appercevoir quelque chose de contraire à la santé.

Eléonore Thétin. C'est une Irlandaise : son pere mourut capitaine de vaisseau. Sa passion est la toilette. On ne peut jamais lui persuader qu'une femme, quand elle est jolie,

jolie, ne doit pas dépenser plus d'un écu pour sa coiffure. Elle étoit innocente, et si innocente que jouant au *corbillon*, elle répondoit encore *tarte à la crême*, lorsque M. Pommard força la porte de son jardin. Une fois ouvert, cueillit des fleurs qui voulut. M. Linguet, caissier des Italiens, et le marquis de Vaugrenard, cordon bleu, le ravagèrent.

Le prince de Monaco, qui n'a couché qu'une fois avec sa femme, encore parce que c'étoit une envie de femme grosse, vient d'épouser *au mois* la soeur de la *David*. Il ne sait donc pas que

Sans propreté, l'amour le plus heureux,
N'eſt plus amour; c'eſt un beſoin honteux.

M. l'ambassadeur d'Hollande, très inconstant, qui avoit pour maxime, *non bis in idem*, s'est fixé auprès de madame *Carlin, et arlequin*, pour être toujours plaisant, ne le voit pas sans lui montrer les cornes.

Madame de Mondran qui croit qu'être fidèle à un mari, c'est faire bien des mécontens pour un ingrat, avoit donné rendez-vous à monsieur Demonville sur le chemin de la Villette, où ils oublièrent tous deux qu'elle alloit voir sa petite fille en nourrice à Bondy.

M. Joinville receveur des domaines va à Bordeaux ; sa femme le suit : mais *Dufort* la cadette les précédera. C'est-elle qui, pour dégouter du mariage, a donné l'idée de ce tableau où deux époux, en regard, baillent l'un et l'autre d'une manière si naturelle et si franche, que la même convulsion se communique à ceux qui les regardent.

Un de ces juifs qui, même en France, risquoient d'être pendus entre deux chiens, à la porte d'une sinagogue ; à qui il étoit même défendu de se baigner dans la Seine, le petit *Caïn* dispute les plus jolies femmes aux grands seigneurs. Il a actuellement une madame Lauson dont le mari est toujours prêt à sortir quand il entre.

Des ducs et pairs, après s'être amusés comme des rois à la chaussée-d'Antin, avec des filles, ont voulu achever leur nuit avec des cartes ; après la partie, les cartes et les filles ont été abandonnées à leurs gens.

M. le procureur du roi est chez la *Hecquet* à la taille. Elle lui donne jusqu'à souper ; aussi quand le *Hecquet* va chez lui, on lui ouvre les deux battans.

M. le duc de Fronsac, étonné de ses besoins, s'élance de Compiegne en poste et arrive à minuit chez la d'Autrive l'aînée qui par bonheur étoit encore seule. Il est reparti à six heures du matin. La d'Autrive dit que ce n'étoit pas la peine de venir de si loin.

Parbleu vous devriez bien chasser votre portier, disoit un prince à *la reine* de l'opéra. J'y ai bien pensé, monseigneur : mais que voulez-vous ? c'est mon père.

La demoiselle Muress va tous les jours au spectacle pour tendre ses filets aux étrangers. Il y en a toujours quelques-uns qui s'offrent pour le moins de la reconduire. Son amant, monsieur de Varenne, est là qui les attend. Une partie de cartes s'engage, et on ne leur laisse pas de quoi faire d'autres promesses à la maitresse.

Ceux qui ont le plaisir de faire des enfans à la Beaumesnil ne se donnent pas la peine de les élever. Est-il donc si coûteux de leur donner un métier, celui de perruquier, par exemple, le plus sûr de tous, puisque, comme disoit l'abbé de St. Pierre, les têtes à perruques ne manqueront jamais.

M. Giamboni, banquier génois, n'est pas à se repentir de s'être marié à une élève du Parc-au-cerf, où l'on apprenoit aux demoiselles que l'amour est un jeu comme le quadrille ; on change d'amis à chaque coup.

Pour 40 louis par mois, la Duranci consent à prendre monsieur de Gevres pour un homme, quoiqu'il n'ait pas l'esprit d'Esope. Elle lui dit même qu'il est un Hercule, il le croit et s'endort.

Le comte de Chabot a quitté Rosalie qui sent quelquefois trop bon pour ne pas sentir quelquefois mauvais : il ne l'embrassoit que du plus loin qu'il pouvoit.

La demoiselle Perinequi commençant à s'appercevoir que le marquis de Puységur se laissoit aller devant elle à une paresse conjugale, l'a averti que si on pouvoit ne faire à sa femme que ce qu'on devoit, il falloit faire à sa maitresse tout ce qu'on pouvoit.

Je m'arrête. Un porte-feuille gros de vices, est encore sous mes yeux : ma main le repousse. Les coupables sont trop près de moi : et quelques-uns ont la confiance de ce peuple dont le choix suppose des vertus. Peut-être que ce nouvel ordre de choses où chacun doit enfin trouver dans l'estime publique, sa noblesse et sa fortune, rendra à leurs ames cette passion primitive des sentimens honnêtes et des actions utiles. Qu'ils sachent du moins que je les connois et que je les épie.

Ce n'est pas le plaisir de médire qui m'a fait révéler toutes ces parties honteuses de l'espèce humaine. Il falloit bien constater à quel dégré en étoit la corruption, la gangrenne des mœurs, à cette époque où une nation qui n'avoit plus que la force de sentir ses maux, passant aux grands remèdes de la liberté, a encore l'espérance de recouvrer cette *constitution* que la nature avoit donnée à tous les peuples.

Quand l'empire des loix sera rétabli, il faudra rétablir celui des mœurs ; car sans ces deux puissances, une *révolution* ne seroit qu'une secousse, une crise, une calamité qui ne feroit que retarder la mort de la France.

DE LA POLICE

SUR LES FRANÇAIS

Les plus remarquables, réfugiés à Londres, avec des notes relatives à la cause de leur évasion de France, ou de leur séjour en Angleterre.

LA police de Paris ne se bornoit pas à ne contenir de ses yeux que les français qu'elle pouvoit atteindre de ses mains. Il y en a qu'elle suivoit jusque dans la *cité* de Londres ; elle eût voulu les suivre jusque dans les enfers. Quand on avoit une fois fixé son attention, on n'étoit jamais oublié par elle. Un registre de tous les transfuges lui sembloit être le catalogue de tous les ennemis de la France : car on avoit peur de tous ceux qui passoient la Manche avec une plume.

J'ai trouvé des notes sur eux : je les donne telles que je les trouve. Ceux qu'elles compromettent, ceux-mêmes qu'elles accusent, ne se plaindront pas de moi. C'est une occasion que je leur offre, et qui leur auroit manqué, de demander justice ou grace.

La police n'a jamais eu le droit de juger un citoyen dans les ténèbres : mais tout citoyen doit toujours être prêt à rendre compte de sa vie au peuple.

M. Linguet et la dame Bultei.

Quoiqu'ils soient parfaitement connus, on ignore peut-être qu'en Angleterre ils n'ont point d'amis ; qu'ils n'y sont rien moins qu'estimés ; que les annales n'ont pas plus de quinze à vingt souscripteurs, et que l'on en demande très-peu au libraire, malgré le titre captieux qui sembloit lui promettre une vente rapide des trois derniers numeros. On assure que ce journal ne sera pas continué long-temps. Le sieur Linguet étoit indigné de voir le peu de goût des anglais, et la lenteur de la vente aux étrangers qui sont servis par les contrefacteurs. Son projet est aujourd'hui de dévouer sa plume aux illustres infortunés ; (tous les réfugiés en Angleterre pour quelque cause que ce soit s'appellent ainsi) il a communiqué son plan à quelqu'un ;

et dans ce moment-ci, le sieur Coindet, ancien secrétaire de M. Necker, qui voyage en Angleterre, comme par hasard, lui a, dit-on, remis des manuscrits sur lesquels il travaille : on assure qu'il s'occupe en même-temps des affaires du sieur de Sainte-Foix, qui lui a donné son mémoire à rédiger. L'exclusion de France est la mort de son journal.

Le sieur de Sainte-Foix.

A gagné dans les fonds, à l'époque de la paix, 26 mille livres sterlings, dont on a vu le compte entre les mains du courtier de change. Il y tient maison sur un très-bon pied, et loge chez un dentiste français, nommé Talma, avec la demoiselle Saint-Alban sa maîtresse : il est fort lié avec M. Simolin, ambassadeur de Russie, qui vit aussi publiquement avec une française : il ne voit gueres d'autres personnes de marque : il a vu beaucoup M. de Reynneval, lors des préliminaires de la paix.

Le sieur la Tour de Serre.

Ancien secrétaire de M. Bézance, maître des Requêtes, dont il a enlevé la femme, éditeur du Courier de l'Europe, et propriétaire du secret des dragées de la Mecque. Après avoir intrigué pendant vingt ans sur le pavé de Paris, s'y faisant passer pour fils d'un commandant de bataillon du régiment de Navarre, il se trouva tellement impliqué dans la banqueroute du sieur Millochin de Langues, pere de madame de Bézance, que M. de Bézance le prit à son service par pitié; et par reconnoissance, il lui enleva sa femme avec laquelle il est arrivé dans ce pays-ci en 1772. De la Tour est un homme dur et cacochyme, qui donne plus de peines que de plaisirs à madame de Bézance. Il est rédacteur du Courier de l'Europe, et propriétaire d'un tiers de cette feuille, dont les deux autres tiers appartiennent au sieur Suinton, chargé de tous les frais. De la Tour a pour plus de 200,000 liv. de ses effets dans le commerce, à l'ordre du sieur Millochin; mais ses créanciers ignorent probablement qu'il soit devenu solvable.

Le sieur Pelporre.

Professeur dans une école, se faisant appeller à Londres Lafitte de Pelporre, parce qu'il a trouvé parmi les femmes-de-chambre de la reine d'Angleterre, une vieille fille nommée Lafitte, à laquelle il a fait accroire qu'il étoit parent. Il est fils d'un gentilhomme de *Monsieur*, qui lui-même étoit fils d'un M. de Joyeuse Grand-pré, amant de sa mère. Il a été renvoyé de deux régimens dans lesquels il a servi, Beauce et l'Isle-de-France, dans l'Inde, a été renfermé d'ordres du roi, à la réquisition de sa famille, quatre ou cinq fois pour des atrocités contre l'honneur : il s'est marié en Suisse, où il a erré pendant deux ans. C'est dans ce pays qu'il a fait la connoissance de Brissot de Warville : Il est élève de l'école militaire, et ce n'est pas le meilleur qu'elle ait fait : il a deux freres qui y ont été aussi élevés, et qui sont sortis, de même que lui, désagréablement des régimens dans lesquels ils ont été placés ; la différence qu'il y a entre eux seulement, c'est qu'ils ont moins d'esprit que lui. Son pere a épousé en secondes noces la fille d'un aubergiste de Stenay, nommé Givry, fille de la mere du sieur d'Hémery, ci-devant inspecteur de police, chevalier de Saint-Louis, et inspecteur des brigades de l'Isle-de-France, qu'elle avoit eue, étant fille, d'un contrôleur des aides de cette ville, dont elle étoit servante, et qu'il a mariée depuis audit Givry. Ce Lafitte de Polporre est l'auteur des Petits soupers de l'hôtel de Bouillon, des Amusemens d'Antoinette, du Diable dans un bénitier, enfin de toutes les horreurs de ce genre, dont le libraire Boissiere, d'intelligence avec le baron de Thurne, le nommé Réda, et le vieux libelliste Goudard, ont voulu négocier la suppression à prix d'argent.

Boissiere.

Libraire, Génevois d'origine, dont le commerce le plus considérable est de faire faire des libelles par des malheureux sans pain, et d'en négocier la suppression ensuite, a déjà réussi dans quelques négociations, de ce genre, d'intelligence avec le baron de Thurne, sur-tout à l'occasion de celui intitulé les Amours de Charlot et de Toinette (on ignore l'auteur ; mais le sieur Letellier, ami du sieur Beaumarchais, pourroit bien l'indiquer). Ceux que Pelporre a faits ci-dessus dénommés, sont aussi entre ses mains. Ce Boissiere est en grande correspondance avec le nommé Gosse, fils, libraire de la Haye, pour cet affreux commerce. Boissiere a été laquais pendant 7 à 8 ans du sieur Matousky, célèbre aventurier, et fripon aux jeux, auquel il a fait, étant à Lubeck, un vol avec effraction, très-considérable, qui a failli le faire pendre, ce qui n'a pas eu lieu, faute de preuves.

Le sieur Goezman ou baron de Thurne.

Cet ancien magistrat du Parlement Meaupeou est de Colmar; tout le monde sait son histoire avec le sieur Beaumarchais. MM. de Maurepas et de Sartine l'avoient envoyé en Angleterre en 1778, où il feignoit de travailler à une histoire sur la guerre de l'Amérique. Ce baron de Thurne a été accusé par un abbé Irlandois, nommé Landiss, d'avoir été introduits tous deux chez Mylord Schelburne, ministre d'état, par le moyen de Boissiere, et présentés par le valet-de-chambre de ce ministre, ami de ce libraire, afin de lui rendre des comptes ; et ensuite cet abbé s'est plaint de ce que ce baron y étant introduit avoit gardé à lui seul le produit du service qu'ils rendoient à ce ministre (peut-être ce baron tiroit-il parti de cette confiance au profit de la France) : C'est dudit baron que monseigneur le comte de Vergennes, et monsieur le Noir ont eu avis en janvrier 1783, de l'existence du libelle affreux contre la reine, intitulé, *les Amusemens d'Antoinette*, comme étant entre les mains de Boissiere, et l'on sait qu'elle est la conduite qu'il a tenue à Londres avec l'officier qui y a été envoyé en mars suivant, pour en faire l'achât ; conduite qui démontre évidemment combien il étoit fâché de n'en pas traiter directement avec Boissiere, dont il est l'intime ami.

Le sieur Joly de Saint-Valier.

Le plus grand faiseur de mémoires qu'il y ait en Europe, a tant fait de bruit dans toute l'Europe par ses projets ridicules, qu'il est connu, et peut être cité, comme l'homme qui assiége le cabinet d'un ministre avec le plus de persévérance et de patience, jusqu'à ce qu'il en ait tiré parti, et qui est le moins modéré de tous les mécontens quand il voit qu'il n'y a plus rien à faire. Le sieur Joly de Saint-Valier se dit gentillhomme Bourguignon, et ancien lieutenant-colonel au service de France. Le chevalier Yorck le fit mettre en prison à Londres l'année derniere, et l'y a tenu quatre mois à la paille, d'où il l'a fait transporter à Ostende; mais aujourd'hui le sieur de Saint-Valier est revenu à Londres, et lui a intenté un procès qui n'est pas encore décidé; on sait combien il s'est rendu coupable envers sa patrie, en Hollande, en la trahissant, et en servant d'espion au chevalier Yorck, alors ambassadeur à la Haie.

Le pere Roubault.

Frere de l'abbé Roubault l'économiste, et ancien jésuite au Canada : avec le masque le plus imposant, il s'étoit si bien emparé de la confiance de M. de Montcalm en Canada, que ce brave homme lui remit ses papiers les plus précieux le jour de l'affaire où il fut tué, en lui recommandant de les remettre en main propre à M. de

Lévi, officier général sous ses ordres, en cas d'accident. M. de Montcalm mort, Roubault s'évada du camp français, et apporta la cassette de son bienfaiteur aux généraux Amherst et Murray. Ils y trouverent des documens utiles, qui peut-être déciderent cette malheureuse campagne : du moins Roubault l'a-t-il dit dans ses suppliques aux ministres d'Angleterre. Ce Jésuite reçut une gratification de quinze cents livres sterlings pour cette attrocité, et une pension de cent guinées lui a été faite jusqu'à la révolution du ministere en 1782. Depuis cette époque, livré au mépris, et manquant du nécessaire, le pere Roubault, chargé de l'entretien d'une prostituée dont il a fait sa femme, *cherchera sans doute à se rapprocher de l'ambassade*, ayant été employé autrefois par monseigneur le duc de Guines, qui fut trompé pendant plusieurs mois par ce misérable qui avoit trouvé le moyen d'inspirer de la confiance au sieur Desandrets. Après le départ de monseigneur le duc de Guines, le sieur Garnier évinça cet honnête homme.

Le sieur le Texier.

Lecteur de comédies en Angleterre, ancien

cien caissier de la ferme à Lyon, s'évada en 1775, en laissant dans la caisse un déficit de 180,000 liv.; après s'être donné de grands airs à son arrivée, avoir lu ses comédies devant le roi et la reine, et avoir vécu d'égal à égal avec la haute noblesse des débris de sa caisse, il fut obligé d'en rayer; et pour donner un prétexte honnête à ses protecteurs de lui faire l'aumône, il fit imprimer en 1777 le mercure de France, sous le titre de *choix des journaux*, et leva une souscription de 1800 guinées; mais, malgré les souscriptions et une quête chez tous les gens de qualité où le Texier avoit lu, il fut mis en prison en 1780, quoiqu'il eût toujours un carrosse, et y est resté près d'un an, tous ses amis l'ayant abandonné à l'époque d'une fête donnée à l'opéra pour le relever, et qui fut trouvée non-seulement détestable, mais encore d'une friponnerie insigne. Depuis son élargisssement, le Texier a été lire ses comédies en Irlande, et enfin est revenu à Londres où il continue à les lire: il est beaucoup plus heureux qu'il n'a encore été en Angleterre. C'est à le Texier que la dame de Fleurieux a dû sa perte et le malheur d'être renfermée par ordre du roi sollicité par son mari et toute sa famille:

Tome II. Q

les propos qu'il avoit tenus sur elle et sur la parente du sieur Deserres de Lyon, ayant occasionné la querelle qu'il eut avec cet officier, son évasion ensuite accompagnée d'un gros déficit, rendit d'autant plus publique son aventure avec la dame de Fleurieux.

Le sieur Préaudeau.

Autre banqueroutier, mais d'une espèce supérieure; ayant manqué pour près de quatre millions, afin de sauver la caisse de son frere. Comme ils étoient tous deux en état de banqueroute, il fut décidé que l'un se sacrifieroit pour le salut de l'autre; mais afin de ne pas être tout-à-fait victime de ce sacrifice, Préaudeau a apporté avec lui huit cents mille livres qu'il a placées dans les fonds d'Angleterre; il vit à la campagne, sous le nom de Mareuil, dans une très-jolie petite terre, appelée Gravellane, à côté de Chizexel en Essex. Un domestique infidèle prétend que non-seulement le frere de Préaudeau, surnommé de Chamilly, profita de sa banqueroute pour remplir sa propre caisse, et tenir bon en déclamant contre son évasion; mais qu'il n'acheta que par contrat simulé du fugitif (le Préaudeau anglais que l'on distinguoit à Paris par ce nom) une très-jolie terre en Bourgogne, dont il lui fait toucher le revenu à Londres. Préaudeau, ou de Mareuil vit fort retiré avec une ancienne comédienne de la troupe de Provence, appelée Tassin; mais il a un carrosse, des chevaux, et ne se refuse rien.

Le sieur Delaunay.

Ancien caissier du mont de piété à Douay, d'où il s'évada en 1766 ou 1767, avec la femme d'un médecin, fut pendu en effigie à cette époque dans cette ville; et sa conduite en Angleterrre prouve qu'il le méritoit. Il a fait entr'autres deux banqueroutes, et pris deux fois l'acte de grace; il est aujourd'hui maître de dessin dans les écoles, et très-malheureux.

Le sieur Maurice.

Ancien secrétaire du sieur Marin ci-devant auteur de la gazette de France, et censeur de la police : après avoir travaillé dans différens bureaux, Maurice fut employé par Marchand, l'un des agens de la caisse du prince Guemenée, pour courir en sous-ordre pendant qu'il faisoit des levées de fonds pour ce prince : il fut arrêté d'ordre du roi, pour s'être annoncé comme négotiant dans l'almanach des adresses, et pour quelques plaintes portées à la police, en raison du nouvel état qu'il avoit embrassé. Il vit aujourd'hui à Londres avec une femme qui porte son nom, qu'il dit tantôt être sa femme et tantôt sa belle-soeur. Maurice, qui lui sert de secrétaire, écrit des lettres d'invitation que signe sa femme ou sa soeur à toute la noblesse d'Angleterre. Cette illustre infortunée, après avoir déploré ses malheurs, se propose tout uniment dans ses lettres à ceux à qui elle écrit, en exprimant ses regrets d'être forcée de faire une démarche aussi peu dans son genre.

L'abbé de Séchamp.

Homme mielleux, qui se dit l'ami de toute la France ; c'est un ancien chapelain du prince des Deux-Ponts, soupçonné de connivence dans l'empoisonnement du sieur Bustel, négociant de Nantes, de concert avec le nommé Gallois, son ami, chirurgien empirique, qui l'a effectué, pour le voler de compte à demi. Réfugié à Londres, il a fait venir un de ses amis, le sieur de St. Flozel, pour l'aider dans le projet qu'il a formé de donner le jour à un journal pour le bien de l'humanité, à l'imitation du sieur Brissot de Warville. Ce journal tendra à rendre les hommes meilleurs, et sans doute l'auteur plus riche. L'abbé de Séchamp est d'intelligence avec Pelporre, Réda, Boissiere et le vieux Goudard, pour engager à faire acheter les oeuvres d'iniquité de Pelporre, et cela sous le masque de l'hypocrisie et du patriotisme.

Le sieur Brissot de Warville.

Fils d'un pâtissier de Chartres en Beauce. Ce philosophe par état est un de ceux qui remplissent le courier de l'Europe de lettres sur la constitution de Genève. Il crie par-tout que la France, qui s'endort sur un abîme, ne peut être sauvée que par un tremblement populaire.

Le sieur de la Rochette,

Est un ingénieur géographe connu avantageusement par ses cartes. M. de Choiseuil l'a employé ; mais il connoit mieux les côtes de l'Angleterre que sa constitution ; il a été commissaire des prisonniers en 1761, 1762 et 1763, et a conservé jusques en 1770 un traitement de deux mille écus par an, avec des gratifications accidentelles, qui alors étoient assez fréquentes; il en a reçu une entr'autres, en 1764, de dix mille livres tournois. En 1770 les deux mille écus furent réduits à deux mille livres par an, avec des gratifications occasionnelles. Peut-être la réduction a-t-elle été plus loin; car le sieur de la Rochette est devenu depuis quelques années un frondeur à toute outrance; il est président-né d'un conciliabule politique qui siège dans la boutique du libraire Boissiere; et, malgré ses propos lestes, c'est sans comparaison le plus modéré, comme il est le plus honnête des membres de ce tripot.

Le sieur St. Flozel.

Ci-devant l'un des coopérateurs du journal de Bouillon. C'est sous le nom de Lefèvre qu'il étoit secrétaire de M. le comte d'Aigremont, ministre de France à Cobtentz avant M. le comte de Moustier, place qu'il a perdue par sa mauvaise conduite et ses escroqueries. Il est aussi hypocrite que l'abbé de Séchamp, son ci-devant (car ils sont brouillés) adjoint au journal en question. Le prospectus de ce journal philantrophe est prêt, et le premier numéro doit bientôt voir le jour. Le sieur St. Flozel ne voit personne, et tire de son propre fond les richesses qu'il promet au monde.

Le sieur d'Ipréville.

Professeur de mathématiques et de fortifications, fort habile dans son état, vit tranquillement en donnant des leçons à quelques écoliers qu'il a en ville. C'est un homme estimable ; malgré qu'il soit un des membres de la société des frondeurs qui s'assemblent chez Boissière, il ne se mêle pas de fronder ; au total c'est un homme qui a plus de méthode que de génie : il y a vingt ans qu'il a passé en Angleterre, dans le dessein d'y établir une école de génie, ce qui ne lui réussit pas : il vit fort mal à son aise.

Le sieur Besnard.

Ancien ouvrier de la manufacture de glaces de St. Gobin, est passé en Angleterre dans le dessein d'y en établir une. Il avoit formé une compagnie dans la province de Lancaster ; mais s'étant brouillé avec ses associés, il s'est intrigué pour en former une autre près de Newcastle, et a reçu une somme d'argent pour abandonner ses intérêts dans la première manufacture. Une nouvelle dispute s'étant élevée entre les nouveaux propriétaires, le sieur Besnard est revenu plaider à Londres où il a aussi un autre procès avec le sieur le Texier, pour un privilège exclusif demandé par tous les deux, obtenu en commun à l'effet d'introduire une nouvelle espèce de lanternes; (c'est le même projet pour lequel le sieur de la Borde, ancien valet de chambre du roi, avoit fait le voyage de Londres): le sieur Besnard ayant mieux pris ses précautions que le Texier, s'est fait adjuger le privilège, et en attendant que son procès de glaces soit fini, il va s'occuper de ses lanternes. Besnard est normand et ne dément pas son origine.

Le sieur Perkins Mac-Mahon.

Prêtre apostat, marié à Londres, Irlandais d'origine, né en France, vicaire de paroisse à Rouen d'où il décampa en 1771 ou 1772, avec une jeune fille sa pénitente. Ce Mac-Mahon est auteur de plusieurs écrits très-licentieux contre la cour de France, qui s'impriment dans le *Morning Hérald* dont il est le sous-rédacteur, sous le titre ordinaire, *extrait d'une lettre de Paris* ; enfin presque toutes les anecdotes calomnieuses et controuvées qui ont été imprimées dans les papiers anglais sur la cour de France, ont été écrites par Mac-Mahon qui a été long-tems un des coopérateurs du courrier de l'Europe. Il s'est brouillé avec le sieur de la Tour qui depuis quelque tems le regrette, Mac-Mahon ayant réellement des talens ; mais c'est un prêtre apostat dans toute la force du terme.

Le sieur J. Goy.

Frère de celui qu'on désigne à Paris par le titre de milord Goy, qui a vécu plusieurs années dans la maison du sieur de Ste. Foy. Autant le Goy de Paris est turbulent et caustique, autant celui de Londres est froid et honnête. Il a vécu trente-quatre ans en Angleterre où il a fait l'éducation de deux jeunes gens, après s'être préalablement ruiné. Messieurs les ducs de Mirepoix et de Nivernois l'ont employé à traduire et à écrire pour la secrétairerie. Il étoit en voyage avec ses élèves pendant les ambassades de messieurs du Châtelet et de Guines : il a été employé quelques années avec une très modique pension, comme sous-rédacteur du courrier de l'Europe ; mais en communiquant de certaines piéces à l'officier envoyé en Angleterre en mars 1783, il a perdu sa place. Goy est un de ces hommes qui n'est jamais las de travailler, et qui n'a eu que le malheur de ne pas savoir comment tourner ses talens à son avantage. Il est des choses qu'il pourroit mieux faire que qui que ce soit, et malgré son grand âge, il est le copiste le plus exact et le plus correct, ainsi que le plus discret.

Le sieur Thévenot de Morande.

Fils d'un avocat d'Harnay-le-Duc en Bourgogne, a servi fort peu de tems dans sa jeunesse en qualité de dragon, dans le régiment de Beaufremont. Son père le destinoit à la robe : son génie inquiet et libertin l'amena à Paris où il a vécu, pendant quatre ou cinq ans, dans la plus grande dissolution et dans tous les genres d'intrigues possibles. Sa mauvaise conduite ayant engagé son père à solliciter un ordre du roi pour le faire enfermer aux bons enfans d'Armentières, il y est resté deux ans : sorti de cette maison, il s'est réfugié en Angleterre où il s'est livré à la vengeance contre les ministres, magistrats, toutes les personnes en place, et autres personnages de quelqu'importance dans les deux sexes en France, avec le plus grand acharnement. Il est en effet l'auteur du *Gazetier cuirassé*, et d'un autre libelle effroyable intitulé : *Vie d'une courtisanne célèbre du dix-huitième siècle*, contre madame Dubarry, et pour lequel il est très probable qu'il a été soudoyé même par des personnages considérables. Presque toute l'Europe sait que des officiers de la Connétablie furent envoyés, à la fin de 1773, pour l'enlever à Londres, et qu'ayant manqué leur coup, le gouvernement entra en négociation avec lui pour supprimer ce libelle par l'entremise du Sr. de Beaumarchais, sous la condition de lui payer l'édition 500 guinées et de lui faire une rente viagère de 4000 livres dont 2000 réversibles sur sa femme, fille d'un tailleur de Londres, son hôte.

Pesque tout le monde sait aussi sa querelle littéraire, tant avec la chevalière Déon, qu'avec monsieur le comte de Lauragais, en 1773. Il se permit alors de faire imprimer des choses contre lui-même, dont il accusoit ce seigneur, pour avoir lieu de lui en dire de pires encore, et on sait de même que ce seigneur l'ayant attaqué en justice réglée au banc du roi, et craignant d'être poursuivi extraordinairement, c'est-à-dire, d'être mis au carcan et transporté, il lui a demandé le pardon le plus bas et lui a fait l'amende honorable la plus humiliante. (Elle se trouve n°. 8062. à la datte du 26 novembre 1773, dans le papier intitulé *London* E*wening post.*) Avant de faire imprimer le Gazetier cuirassé, les mémoires d'une courtisanne et autres libelles, il écrivit à toutes les personnes en place, et autres (monsieur de Voltaire compris) qui y étoient déchirées, à l'effet de leur proposer de lui faire tenir telle ou telle somme, si elles ne vouloient pas voir ces horreurs rendues publiques.

Il a été véhémentement soupçonné d'avoir servi les ministres anglais, notament le duc de Bedfort et lord North; on a prétendu même que ce dernier se rendoit clandestinement chez lui, pour lui donner des notes, afin qu'il les insérât dans les papiers publics, sur les prétendues divisions entre les troupes françaises, leurs généraux, celles américaines et les leurs ; on a cru aussi et on l'a même dit dans les papiers publics, qu'il avoit été le principal délateur contre le malheureux Delamothe, et qu'à cette occasion il avoit reçu 200 guinées.

Depuis quelques années, il paroit avoir changé de goût pour les libelles, et s'être déterminé à faire oublier, si cela se pouvoit, les horreurs dont il s'est rendu coupable, en se rendant utile : ce qui lui a procuré, par une lettre de monseigneur le comte de Vergennes, la permission de revenir en France, de laquelle il n'usera probablement pas ; car, comme il le dit lui-même, il n'oseroit y soutenir la présence des honnêtes gens qu'il y a si fort outragés. Il se propose d'aller en Amérique y régir des biens en terres et en manufactures, que son frère le sieur Thevenot de Francis, y a amassés pendant la guerre, étant secrétaire et associé du sieur de Beaumarchais. (*Voyez le chapitre des espions.*)

Le sieur de Pellevée.

Gentilhomme des environs de Caen, ancien officier auxiliaire dans la marine de France et dans celle de commerce, aujourd'hui négociant faisant passer des marchandises de France en Angleterre, très-bon français et très-honnête homme, vit en Angleterre depuis vingt ans : il y a épousé la fille de l'évêque d'Ely. Il s'est rendu très-utile et l'est encore.

Le chevalier de Mongrand.

Ancien capitaine au régiment de Penthievre infanterie, et chevalier de Saint-Louis : après avoir diverti les fonds d'un détachement en garnison sur les vaisseaux qui lui avoient été confiés, il s'est évadé de Brest dans un cartel anglais, et s'est réfugié à Londres ou il se trouve en proie à l'indigence. On assure qu'il s'est empoisonné il y a quelque tems en prenant de l'opium ; mais la dose étant un peu trop forte, il souffrit des douleurs inouies, et un vomissement le sauva. Plus heureux s'il eut péri ! il ne seroit pas réduit aujourd'hui à faire faire une quête pour subsister : ce qu'il y a de plus touchant dans le cas de ce chevalier, c'est que l'on assure qu'il a été trente ans de sa vie dans son régiment, sans qu'on ait pu lui reprocher autre chose que la passion outrée qu'il a pour le jeu.

Le baron de Navan.

Ancien officier au régiment d'Anhalt infanterie, a servi aussi dans sept à huit autres régimens ; c'est toujours, dit-il, une affaire d'honneur qui l'a fait sortir d'un corps pour entrer dans un autre ; il n'a pas la croix quoiqu'il ait trente-six ans de service. Ce baron parle des coups d'épée, de canne et des soufflets qu'il a donnés, comme un autre parleroit d'une belle action : on dit, (d'après lui sans doute), que c'est une affaire de ce genre qui l'a fait venir à Londres où il est dans la plus profonde misère : on ajoute à son caractère de querelleur, qu'il est fort ignorant et qu'il n'a jamais vécu que d'intrigues.

C'est à ce même Navan que le baron de Thurne ou le sieur Goezman prêtoit le desir de faire l'achat des ouvrages attroces dont il avoit donné l'avis, afin d'engager l'officier français envoyé à Londres par le gouvernement en mars 1783, d'acheter bien vîte ces horreurs, pour, comme il est déjà dit, par le sieur Goezman, en partager le produit avec les auteurs et éditeurs.

Le chevalier Joubert

Jadis sous-lieutenant d'infanterie au régiment de Rohan-Soubise, quitta son régiment en garnison à Dièpe, en juillet 1782, et le quitta sans congé pour venir à Londres avec le sieur Lafitte de Pelporre. Joubert y vit aujourd'hui excessivement malheureux ; mais sa conduite a été si irrégulière, et si peu délicate à plusieurs égards, qu'il mérite son sort. L'officier français envoyé à Londres, en mars 1783, qui l'a envoyé à la recherche des libelles dont quelques-uns ont été écrits par des gens de sa connoissance, n'a trouvé en lui que des mensonges et de la duplicité, et pour couronner le tout, une lettre supposée écrite par un homme dont il vouloit se procurer de l'écriture. En effet, Joubert attaché par l'espoir d'un secours, a fait écrire une lettre et l'a présentée comme celle de la personne dont l'on desiroit connoître la main. Mais une querelle s'élevant entre celui qui l'avoit écrite et celui qui l'avoit imaginée, sur le partage du produit, le sieur Maurice qui
est

est la personne dont on avoit signé le nom se présenta et prouva sans réplique, par une lettre écrite en présence de l'officier envoyé à Londres, que celle qu'on lui avoit apportée étoit supposée.

Monseigneur le maréchal prince de Soubise, son parain, et duquel il a été page, a payé diverses fois des dettes assez considérables que ce jeune homme sans ressource avoit contractées, et après l'avoir puni sans pouvoir changer ses inclinations vicieuses au suprême dégré, l'a totalement abandonné, quand il a appris par M. le comte de Moustier, la bassesse dont il a fait usage envers l'officier français lors à Londres. Le père de ce jeune homme, chevalier de Saint-Louis, capitaine d'invalides, demeurant à Boulogne-sur-mer, et sa mere l'ont en exécration, tout aussi bien qu'un de ses oncles trésorier de France, qui demeure à Paris, rue des Mathurins.

Le sieur Doucet et la femme Saint-Montant.

Ancien écrivain d'un vaisseau de la compagnie des indes, né à l'Orient, et marié en Flandre à la sœur d'une contrebandière, appelée Saint-Montant, qui vit à Londres avec lui. Cet homme s'est réfugié en Angleterre parce qu'il a des dettes en France, en Hollande, et en Flandre, d'où il est venu depuis peu, s'étant enfui de la prison de Gand où il avoit été mis dans un voyage qu'il avoit été obligé d'y faire pour régler quelques affaires. Le sieur Pelporre proposa à Doucet, dans avril 1783, époque à laquelle il croyoit pouvoir vendre l'infamie intitulée, *les passe-tems de la reine*, de lui en copier le manuscrit, *vû que ledit sieur de Pelporc qui s'étoit engagé à remettre et manuscrit et imprimé, ne vouloit pas en remettre un de sa main*. Le sieur Doucet est un homme sans talens, qui n'eut pas été nommé ici sans la circonstance relative à Pelporre, qui a été révélée par sa belle sœur et sa concubine la Saint-Montant, à M. le comte de Moustier et à l'officier français qui étoit alors à Londres.

Le sieur Laboureau.

Orateur né du caffé d'Orange où se rassemblent tous les réfugiés français qui viennent déclamer à Londres contre la France; dessinateur sorti des manufactures de Lyon pour s'attacher à celles des sieurs d'Albiac dans *Spitafields* : son état semble rendre surrérogatoire une définition plus étendue ; cependant, comme Laboureau est celui des français qui sont à Londres, qui tient le dez le plus souvent dans les taudis, et les caffés du bas étage, fréquentés par les réfugiés, il n'est pas hors de propos d'observer que c'est un des hommes les plus dangereux qui existent ; il l'est d'autant plus, que n'ayant aucun frein, ni éducation, il fait et dit autant de mal par inconsidération que par caractère ; en somme, c'est un homme très-noir et une très-mauvaise langue. L'officier français envoyé à Londres en mars 1783, l'a entendu tenir à une table d'hôte le propos le plus impertinent, en disant avec le sourire du mépris, si j'étois à l'hôtel du *Bougre bon*, par allusion à celui de Bourbon, rue des Petits-champs à Paris, je ferois meilleure chère qu'ici ; auquel propos cet officier répondit : si vous y étiez, seriez-vous assez insolent pour vous servir de pareilles expressions ? A quoi ledit Laboureau répliqua en s'excusant sur ce qu'il plaisantoit.

Laboureau a coutume de faire un voyage à Paris tous les ans pour se raffraîchir le goût sur les modes ; mais il n'y est pas venu pendant la guerre. Si l'imprudence du malheureux Delamothe n'eût pas suffi pour le perdre (ayant été trahi à la fois par plusieurs de ses agens) les propos de Laboureau sur les occupations de cet infortuné n'y eussent pas peu contribué, ayant déclaré hautement au caffé de *Stangter*, que l'état de Delamothe n'étoit pas difficile à deviner, etc. Ce n'est pas ce seul propos méchant qui a perdu Delamothe; mais il n'étoit pas tenu pour le servir.

Le chevalier Echlin.

Irlandois d'origine, naturalisé français dans les prisons de Paris, où il a passé sept ans de sa vie, après y avoir débuté par l'étalage le plus brillant qui ne dura pas long-tems ; car après avoir mangé ce qu'il avoit, et épuisé son crédit et la charité de ses compatriotes qui l'ont relevé trois fois par des souscriptions dans le commencement de sa décadence, il s'attacha à la police de Paris ; l'officier chargé alors du détail des étrangers l'y a employé long-temps ; il l'a été également par l'officier chargé de la partie des Pédérastes, parmi lesquels il avoit pris parti d'abord comme amateur, ensuite comme commissionnaire pour les autres, et enfin comme surveillant, et quand après cet honnête homme a été emprisonné pour dettes, les officiers de la sûreté l'ont employé aussi pour faire parler les accusés de crimes, dans leurs cachots : c'est un des hommes le plus malheureusement né qui ait jamais existé, et le suprême bonheur pour lui, est de faire du mal : depuis qu'il est de retour en Angleterre, il change de logement tous les mois et n'est connu que sous le nom de Loyd dans ces logemens. Lord Grantham l'a employé un moment : il est continué dans les bureaux de M. Fox pour rendre compte des étrangers qui viennent à Londres, ce qui depuis quelque tems lui donne du pain : il n'est pas de calomnies et d'horreurs que ce détestable sujet n'ait faits et dits pour nuire à l'officier français envoyé à Londres en mars 1783, et cela pour le seul ressentiment de ce que celui-ci, qui le connoissoit si bien et qui le méprisoit tant en même tems, n'a pas voulu l'employer ; il ne s'est pas épargné non plus contre le sieur Morande, mais ce dernier s'en est bien vengé en rendant publiques des lettres originales que ce même Echelin avoit écrites à des mouches de la police de Paris, pour apprendre d'eux si Morande avoit été, comme on le disoit, mis à Bicêtre, et en lui donnant des coups de bâton.

Tumerel.

Ancien soldat de Penthièvre infanterie, pris à Paris comme valet de chambre par le sieur Echelin qui ensuite en a fait son camarade. Pour ne pas entrer dans des détails plus honteux, il suffit de dire qu'Echelin et Tumeret s'entretienent tour-à-tour avec ce qu'ils peuvent attraper des pédérastes qui sont en grand nombre à Londres.

Dom-Louis.

Moine défroqué du couvent de Saint-Denis, après avoir enlevé de cette abbaye beaucoup de médailles relatives aux rois de France, s'est réfugié en Angleterre, où il a déjà fait imprimer un ouvrage absurde intitulé *l'enfer fermé, et le paradis ouvert à tous les hommes*. Dom-Louis est actuellement occupé dans un logement qu'il a pris à Hampstead, à finir un ouvrage atroce, intitulé *histoire des rois de France, cités au tribunal de la raison*: lady Spencer protége hautement ce moine défroqué, et elle lui a déjà avancé plus de deux cent guinées, pour payer (à ce qu'on assure) ces gravures dessinées d'après les médailles nécessaires à la confection de son ouvrage, ainsi que l'impression.

Delatouche.

Auteur du feu courrier de Londres, a été d'abord jésuite, procureur ensuite et pour mettre fin au portrait, repris de justice à Rennes. Ce qu'il y a de certain, c'est que cet homme a une haine si extraordinaire pour tout ce qui a trait à la France, qu'il ne manque jamais, dès qu'on lui parle de son origine, d'annoncer qu'il n'est plus Français, et qu'il s'en fait gloire. Delatouche a vécu pendant plusieurs années à la Haye, et à été long-temps à la solde du chevalier YORCK ; c'est à lui qu'il a dû les moyens de faire imprimer le courrier de Londres qui n'a pas passé 25 numéros. Ce recueil de diatribes et de déclamations dégoûtantes annonce assez les sentimens de l'auteur, sentimens qu'il a montrés partout et notamment à la Haye en 1780, en y épousant une catin connue de toute la ville, tout aussi bien que sa mère qui y tient lieu de prostitution.

Le *comte de Raymond*.

Ancien joueur, escroc, chassé de Paris par la police, et actuellement réfugié en Angleterre, y mendie du secours en écrivant à toute la noblesse : sa manière de mendier a souvent été très-arrogante ; il a eu l'audace entr'autres d'écrire à la duchesse de Bedford *qui lui fit dire qu'elle ne pouvoit pas l'obliger*, que s'il voyoit jamais en France le duc de Bedford, dans l'état où il se trouvoit être à Londres, il se promettoit bien d'avoir la même insensibilité. Madame la duchesse de Bedford envoya cette lettre à Morande, pour savoir ce qu'elle pouvoit répondre à ce misérable qui depuis ce tems n'a presque plus paru en public.

Le *sieur Ralph*.

Allemand d'origine, aussi fameux par son habileté que par ses friponneries, ci-devant bibliothécaire du Landgrave de Hesse-Cassel, ayant vendu quelques médailles d'or du cabinet du prince, s'enfuit dès qu'il s'apperçut qu'il étoit découvert; mais le bruit de son aventure le suivit à Londres, et on l'expulsa de la société royale. Il est très-malheureux, et s'attache sur-tout aux étrangers quand il le peut. Comme c'est un homme qui n'est pas sans quelque mérite, il est peut-être important que ce mérite soit connu avec tous ses accompagnemens, vû qu'il ne seroit pas impossible que le sieur Ralph parvînt à en imposer à qui ne le connoîtroit pas bien, et à surprendre définitivement sa confiance.

Le sieur Courtney Melmoth.

Le véritable nom de cet homme est Pralt; mais il s'est donné à Paris sous le nom de Courtney; c'est lui qui a écrit en Anglais, en 1778, une feuille qui n'a été qu'au quinzième numéro intitulé, *the english spy in Paris*, (l'espion Anglais à Paris). C'est un intriguant qui passe pour très-rusé, et qui a toujours tâché de se rapprocher des ministres, soit à Paris, soit en Hollande, où il a demeuré pendant quelque temps. Il a été employé un moment par le docteur Francklin à Paris, et il l'étoit en même tems par lord Stormont: c'est un de ces hommes à qui tout est bon ; il ne seroit pas impossible qu'il se présentât à l'ambassadeur du roi, en se donnant pour un homme zélé.

Le sieur Gelé.

Ce jeune homme après avoir d'abord prétendu qu'il étoit venu pour être secrétaire particulier de monseigneur le comte d'Adhémar, a fini par annoncer que son projet est (puisqu'il ne peut être employé) de faire imprimer un ouvrage contre le docteur Francklin, dont il dit avoir été deux ans le secrétaire; il assure que son ouvrage compromet infiniment monseigneur le comte de Vergennes dans tout ce qui s'est passé relativement à l'amérique.

Lamblet.

Suisse, maître de langues, ne seroit pas un homme à nommer ici s'il n'avoit pas été donné, par le sieur Lafite de Pelporre, comme l'agent ostensible de l'auteur des passe-tems de la reine, et qu'il vouloit, disoit-il, faire supprimer ; mais le fait est que

Pelporre doit de l'argent à Lamblet qui espéroit d'être payé, et avoir probablement une bonne récompense pour ses peines.

Belson.

Il avoit pris d'abord à Londres le nom de la Boucharderie, se prétendoit médecin, et parloit de guérir la goute ; mais n'ayant pas trouvé de dupes à faire parmi les gouteux, il s'étoit rejetté sur la politique, et a tiré quelque argent de la France, sous le prétexte qu'il vouloit et pouvoit servir : ce qu'il a fait de plus remarquable est d'avoir donné connoissance à l'amirauté d'Angleterre des gens qui, en faveur de la France, la trahissoient dans ces bureaux, et pour lequel service il a été payé. Ses mémoires au ministere anglais, pour se plaindre de la modicité de ce paiement, (dont il se plaint tout haut) n'ont produit aucun effet. Cet homme, à ce que l'on présume, est aujourd'hui en France, où il devoit se rendre, selon ce qu'il avoit anoncé à la personne chez laquelle ses lettres lui étoient adressées. On a eu un moment le soupçon que ce Belson étoit un des associés de Boissiere pour les libelles annoncés par le baron de

Thurne, et cela n'est pas sans fondement, ayant été fort amis à Londres.

La Roche de Champreux.

Ancien gendarme, blessé à Meinden, et pensionnaire des invalides comme bas-officier. On l'appelle à Londres le chevalier de Champreux, ou le capitaine Champreux. Il a fait cession de biens en France, il y a 12 ans, pour sortir de prison. Quelques années après, il parut un moment à Fontainebleau avec des chevaux de course, y fit des paris contre MM. de Conflans et de Fénélon, les perdit, ne les paya pas, et s'enfuit de France pour revenir à Londres, où il a fait banqueroute depuis son retour. Il a aujourd'hui son certificat de banqueroutier en bonne forme à la main, et huit chevaux de course dans son écurie. Son état, qui est tout uniment celui de joueur, lui donne une certaine consistance.

Ce Laroche de Champreux a été décrété sous le nom de Roquebrune, par un arrêt du parlement de Paris, du 10 janvier 1763, comme complice du nommé Pernet, aussi gendarme, lequel a été pendu pour assassinat d'un clerc de notaire, rue St. Honoré, conjointement avec deux autres militaires.

Straz.

A la mort du vieux bijoutier Straz, celui-ci, qui étoit comme son garçon de boutique, devenant l'héritier d'une fortune considérable, quitta le commerce, prit voiture, se lia avec des joueurs, perdit un million et demi, et se trouvant presque épuisé, il s'enfuit avec la femme d'un officier français, appelée Poterat. Le sieur Straz, ne pouvant retourner en France, pour le rapt de la dame Poterat, s'est établi à Londres, où il est brocanteur en bijouteries et diamans; il est l'homme de l'Europe qui se connoit le mieux en pierres.

DE LA POLICE

MUNICIPALE.

L'HISTOIRE de l'ancienne police étoit la meilleure leçon à donner à la nouvelle qui sans doute ne sera jamais tentée de lui ressembler. Car c'est aux magistrats que choisit le peuple, à effacer tout le mal qu'ont fait les magistrats que nommoient les rois.

Quand une cité se gouverne, le bon ordre est l'ouvrage de tous.

Si l'administration municipale veut enfin commencer tout le bien qu'elle promet, il faut que, forte du progrès des lumières, sans autres guides que des intentions fermes et droites, toujours prête à consulter l'opinion publique, elle éloigne de ses bureaux tous ses réglemens que le despotisme imposoit à la servitude.

Que trouveroit-elle dans ses registres poudreux, que conservoit avec un respect religieux, cette longue succession de commis qui ne vivoient que des sottises de leurs maîtres ?

D'abord des déclarations souveraines : (car il faut des autorités et des excuses à la tyrannie subalterne) Ici c'en est une qui défend sous peine de galères perpétuelles, d'aller en pélerinage hors du royaume, sans une permission expresse du roi, signée par l'un des secrétaires d'état, sur l'approbation de l'évêque diocésain : là c'en est une autre : ,, quiconque sera trouvé ivre soit incontinent constitué prisonnier au pain et à l'eau pour la première fois ; et si secondement il est pris, sera outre que devant, battu de verges en prison ,,.

On croit bien que ces déclarations n'ont jamais été affichées ni aux barrières ni aux cabarets. Mais du moins servoient-elles à rappeller l'esprit du gouvernement, aux agens féroces du pouvoir qui ne balançoient plus à faire des ordonnances comme celle-ci du 6 novembre 1778 : ,, Enjoignons à tous domestiques, de porter obéissance et respect à leurs maîtres, sous peine d'être poursuivis extraordinairement ,,. Il y a eu plus d'un laquais mis au carcan, pour avoir demandé tout haut leurs gages à des maîtresses qui croyoient que des soufflets étoient des-à-compte. Ce malheur a manqué à tous ceux de Jean-Jacques Rousseau. Il est vrai qu'il eut abandonné ses gages, plutôt que de disputer son pain.

Je n'ai vu dans les archives de la police que des preuves du mépris qu'avoient toutes les cours pour le peuple qui les enrichissoit. Tantôt c'est un arrêt qui condamne vingt-six particuliers pour avoir osé présenter une requête à la cour : tantôt c'est une sentence du châtelet, qui inflige une amende de cinquante livres à un carbaretier qui avoit laissé assembler dans une de ses chambres, jusqu'à vingt-cinq marchands qui *raisonnoient* : enfin c'est une ordonnance qui prononce les galères contre les hommes, et prison pour les femmes de la religion protestante, qui se trouvoient huit ensemble.

Est-ce sur des bases que couvre la rouille des préjugés, que la ville de Paris doit asseoir la liberté et la paix ?

Il faut donc que ceux qui ont sa confiance, oubliant jusqu'aux traces du régime qui a passé, suivent le chemin inconnu, quoiqu'éternel, où les appelle la philosophie. Avec des principes, ils n'auront pas besoin pour s'y conduire, ni de Nicolas *Lamarre*

Lamarre dont les travaux ne méritoient que ce que lui a donné le régent sur les entrées aux spectacles, et qu'il a cédé à l'hôtel-dieu pour trois cens mille francs ; ni de monsieur le *Cler-du-Brillet* ; ni de monsieur *Mellier* qui a fait le *code de la voierie*, ni de monsieur *Perrot*, garde-scel du bureau des finances ; ni de monsieur de la *Poix de Freminville* ; ni de monsieur *Duchesne*, ni du baron de *Bielfeld*, ni de Jean-Pierre *Willebrand*, ni enfin de monsieur de la *Morandière*. Qu'apprendroient-ils à l'école de ces petits législateurs ? Voici une des leçons qui s'y donnent contre la mendicité.

„ Ceux qui négligeant de se rendre à leur domicile ou au lieu qu'on leur aura désigné, seront trouvés dans Paris ou dans les autres villes, bourgs, villages, ou sur les chemins de traverses, sans passeport, ou avec un passeport périmé, même avec un passeport non périmé, s'ils sont trouvés sur une autre route que celle qui leur aura été ordonnée et dont le passeport fera mention, seront arrêtés et conduits pieds et mains liés, dans la prison la plus prochaine, ou dans l'hôpital ou maison de force des environs, soit qu'ils soient valides, soit qu'ils soient invalides, jeunes ou vieux, indistinctement de

Tome II.   S

l'un ou de l'autre sexe. Aussi-tôt leur arrivée dans l'un de ces lieux de force, ils seront marqués d'un fer chaud sur la joue ou sur le front, et attachés à la chaîne pour y travailler en qualité de forçats, pour le compte du roi ou de la maison qui sera chargée de les loger, nourrir et entretenir, tant sains que malades ou infirmes. Leur jugement sera rendu sans informations et sans aucunes des formalités prescrites par l'ordonnance de 1670 : et s'ils se sauvent des prisons ou maisons de force, ou des endroits où ils seront employés à travailler, ils seront pendus aussi-tôt qu'ils auront été réintégrés dans telle prison que ce soit ".

C'est un de ces professeurs de police qui a sifflé monsieur *Chenevrier* lorsqu'il a proposé d'établir à Paris comme à Berlin, des aziles qu'environneroit la bienséance publique, où des filles trop foibles pour être sages, mais assez sages pour être mères, pussent être reçues sous le manteau de l'indulgence, sûres de recevoir encore en sortant cinquante écus qui leur donneroient le courage et le moyen de se r'attacher à la vertu. Il auroit fallu un St. Vincent de Paul pour gagner cette cause qui est celle de la nature et de la politique.

On voit que dans la science de la police les livres ne valent pas encore mieux que les hommes : et il est peut-être plus dangereux de consulter les uns que les autres, parceque souvent il suffit de n'être plus, pour obtenir l'obéissance aveugle du respect.

Si lorsque j'étois à ce département où je n'ai eu que le tems d'empêcher beaucoup de mal, en voyant tant de bien à faire, j'avois dit à monsieur Sylvain Bailli :

,, Il faut que nous fassions défenses à tous serruriers, taillandiers et autres ouvriers travaillans à la forge, férailleurs, revendeurs et crieurs de vieille feraille, et à toutes autres personnes telles qu'elles soient, d'exposer en vente et débiter aucune clef, vieille ou neuve, séparément de la serrure pour laquelle elle aura été faite :

,, Il faut faire pareillement défense à tous compagnons et apprentifs serruriers et autres ouvriers en clef, de travailler, forger et limer des clefs et des serrures, hors les boutiques de leurs maîtres, en quelque lieu que ce puisse être, et d'y avoir des outils, ainsi qu'à tous particuliers de les recevoir dans leurs maisons et logemens, et seront tenus, les propriétaires et principaux locataires qui auront lesdits ouvriers logés dans leurs maisons, de faire leur déclaration chez le commissaire de police de leur section, dès qu'ils seront instruits que lesdits ouvriers ou tous autres travaillent chez eux desdits ouvrages :

,, Il faut que les férailleurs, revendeurs, crieurs de vieux fers ne puissent avoir des étaux et limes chez eux, ni faire limer et réparer aucune clef dans leurs boutiques, maison ou ailleurs, et qu'également les maitres serruriers, les férailleurs, taillandiers et autres ouvriers travaillans à la forge, ne puissent travailler dans les derrières de leurs maisons et lieux non apparens :

,, Il faut aussi défendre à toutes personnes de fabriquer, vendre, débiter, faire achat, porter et faire usage de poignards, de couteaux en forme de poignards, de pistolets de poche, d'épées, de sabres, de dards renfermés dans des bâtons, de bâtons à ferremens, autres que ceux qui sont ferrés par le bout, et autres armes cachées et secrettes ; enjoindre à tous couteliers, fourbisseurs, armuriers et marchands, de les rompre et briser incessamment, et ce dans la huitaine au plus tard :

,, Il faut enfin défendre à tous particuliers

autres que les officiers et soldats de la garde nationale, de porter et de jour et de nuit, dans la ville et fauxbourgs de la ville, aucune arme à feu sous quelque prétexte que ce soit, même de la défense de leur personne, et enjoindre à tous ceux qui arriveront dans la ville et fauxbourgs de Paris, avec des armes à feu, de les déposer, dans le jour de leur arrivée, entre les mains du commissaire de police de la section du domicile qu'ils prendront :

M. Bailli, même sans consulter son secrétaire-Boucher, m'eût renvoyé à la *déclaration des droits de l'homme*.

Mais quand mes successeurs, messieurs *Jolly, Perron, Maugis et Vigner* lui montrèrent les édits, déclarations et ordonnances du 18 décembre 1660, décembre 1666, du 25 août 1737, du 12 août et 8 novembre 1780, que leur fit connoître M. *Puissant* notre maître à tous, puisque depuis plus de 40 ans, toujours assis sur la même chaise, il tient le fil secret des bureaux, alors monsieur le maire se fit un devoir de signer le 17 mars 1791, *l'ordonnace* qui effraya tous les *amis de la constitution*. Tous les murs sembloient prêts à le dénoncer et à l'accuser lorsqu'elle disparut sous une modeste rétractation. En la déchirant par-tout, les *sections* auroient dû exiger qu'elle fût conservée dans le cabinet du maire, pour qu'il n'oubliât jamais que même, quand il est consacré par l'*écharpe*, il a encore besoin de toute la surveillance du peuple.

Le même piège me fut tendu. On avoit mis au rang de mes fonctions, celle de gouverner la librairie, comme si, dans le commerce des pensées, il devoit y avoir d'autres entraves que celles qui assurent les propriétés, et que ce ne fut pas à la loi seule à les maintenir ; et le commis qui fondoit ses appointemens sur la nécessité d'écrire toutes mes *permissions*, me mit sous les yeux un recueil énorme de réglemens. Un seul me dégouta des autres : il étoit du vingt-huit février 1723 :

,, Avant qu'il soit procédé à la vente des bibliothèques ou cabinets de livres qui auront appartenus à des personnes décédées, les syndics et adjoints des libraires seront appellés pour en faire la visite, et en donneront leurs certificats sur lesquels il sera obtenu une permission du lieutenant-général de police, pour faire la dite vente ; seront tenus lesdits syndics et adjoints, lors de ladite visite, de mettre à part et de faire un catalogue des livres défendus ou imprimés sans permission, qu'ils remettront au lieutenant-général de police, pour être envoyé à monsieur le garde-des-sceaux, duquel catalogue ils laisseront aux parties intéressées un double signé d'eux, et se chargeront lesdites parties desdits livres contenus audit catalogue; défend à tous libraires de faire l'achat desdites bibliothèques, s'il ne leur est apparu de certificat de syndics et adjoints, pour justifier que la visite en aura été par eux faite, à peine de cinq cens livres d'amende et d'interdiction pendant six mois. »

Honteux d'avoir ces lisières à tenir, je ne tardai guères à envoyer ma profession de foi à au syndic Knapen; *il n'y a de mauvais livres que ceux qui sont mauvais* : et eut qui voulut le droit d'en faire et d'en vendre, parce que personne n'est forcé d'en acheter ou d'en lire. Mais on ne me força pas moins à faire une *ordonnance* sur les colporteurs, qui, quoiqu'elle ait été déposée dans *l'enciclopédie* par mon ami *Peuchet*, parmi ses excellens articles, n'en viole pas moins les bons principes : car, comment borner à trois cens hommes, le privilège qui est celui de tous, de crier dans les rues, *la grande motion du grand Mirabeau* ? Je ne dirai pas même, pour m'excuser, qu'en ce tems-là les aides de camp de M. de la Fayette faisoient la guerre à toutes ces pédestres renommés qui n'avoient pas la *médaille*.

Une administration novice n'eut pas commis toutes ces fautes, si volant de ses propres aîles, elle n'eût pas cherché, dans l'espoir d'y trouver l'expérience, des chemins battus, dont les ornières n'étoient remplies que de préjugés et d'abus. Effrayée de son fardeau, par le nombre des colonnes sur lesquelles il paroissoit posé, elle s'informa avec une inquiette impatience de ses fonctions, et elle apperçut sur huit tableaux,

1°. Tout ce qui concerne la Bastille, Vincennes et autres châteaux où sont renfermés les prisonniers d'état ; la librairie prohibée ; les visites à la chambre syndicale ; l'expédition des affaires particulieres et extraordinaires ; les pieces de théâtres ; les demandes de plans et emplois, le dépôt du secrétariat, et le Mont-de-Piété.

2°. Le détail des fonds concernant les établissemens de charité, l'exécution de l'arrêt du conseil, concernant le ramonage des cheminées.

3°. L'ouverture des lettres. L'extrait des mémoires et placets. Les renvois aux départemens. L'expédition des affaires instantes. La suite des maisons de santé, et des remedes administrés par charité. Les affaires qui n'ont point de département fixe.

4°. L'approvisionnement de Paris, l'illumination, et le nétoyement des rues. Les permissions d'imprimer, les affiches et placards, les colporteurs, les spectacles, les foires, les bureaux des nourrices, les permissions aux aubergistes de donnner à manger en gras les jours maigres, les hôpitaux. Le régiment de Paris, et les périls imminens, les pompes et incendies. Ce qui concerne le militaire, les rapports de la garde de Paris. Les objets relatifs à la ferme générale. Le renvoi des placets et mémoires concernant ce département.

5°. Les ordres du roi, les placets et mémoires qui y sont relatifs, et les informations sur toutes les demandes tendantes à les obtenir. Les maisons de force.

6°. Le bureau des arts et métiers, la révision des comptes, des corps et communautés, les affaires concernant leurs statuts et réglemens, et l'administration de leurs revenus, la capitation et industrie, la milice desdits corps et communautés; l'exécution des édits des mois de février et août 1776, et la liquidation des dettes des communautés de province : le rachat des boues et lanternes.

7°. Le bureau du commerce, les manufactures, les sauve-conduits et arrêts de surséance, les étoffes prohibées, les nouveaux convertis, les religionnaires, les agens de change, les permissions, ordonnances, et jugement sur l'ouverture et l'exploitation des carrieres ; la loterie royale de France et autres y réunies, la taxe des mémoires des officiers, les loteries, le détail des fonds affignés aux dépends de la police.

8°. Les juifs, les chambres garnies et les déclarations qui les intéressent, la sûreté publique, la correspondance y relative, avec *la maréchaussée, les cours et jurisdictions du royaume.*

Il y avoit là de quoi faire reculer des administrateurs qui se méfioient de leurs lumieres et de leurs forces, et ne savoient pas que le charlatanisme des commis étoit de faire croire, par l'étalage pompeux de leurs travaux, qu'il leur falloit à eux-mêmes la tête et le bras d'Hercule, pour remplir les besoins immenses d'une capitale.

Cette légion de commis annonçoit *l'abomination et la désolation* dans la ville de Paris, si les soixante *sections* n'invoquoient pas le secours de la compagnie *des conseillers du roi, inspecteurs de police*. A entendre le petit *chef*, M. Mascrey, il n'y avoit que

M. Paillet qui pût maintenir le quartier de la *cité*.
Lehoux, celui de Saint-Jacques de la Boucherie.
Sommelier, celui de Saint-Opportune.
Quidor, celui du Louvre.
Willemain, celui du Palais-Royal.
Desbrugnieres, celui de Montmartre.
Le Chenetier de Long-Pré, celui de Saint-Eustache.
Lature Morelle, celui des Halles.
Santerre de Tersé, celui de Saint-Denis.
Vaugien, celui de Saint-Martin.
Noel, celui de la Grève.
Bossenet, celui de Saint-Paul.
Royer de sur Bois, celui de Ste.-Avoie.

Patté, celui du Marais.
Pere, celui de Saint-Antoine.
Poisson, celui de la place Maubert.
Henry, celui de Saint-Benoît.
Boisset Dutronchet, celui de Saint-André-des-Arcs.
De Saint-Paul, celui du Luxembourg.
Et Lescaze, celui de Saint-Germain-des-Prés.

Et encore dans les calamités publiques, comme quand un libelle paroît, ou contre la reine, ou contre M. le lieutenant-général-de-police, seroit-on trop heureux d'avoir à consulter messieurs les *honoraires* ;

D'Hémery, pensionnaire du roi, chevalier de l'ordre royal et militaire de Saint-Louis, commandant de bataillon d'invalides.
Buhot, chevalier de l'ordre royal et militaire de Saint-Louis, pensionnaire du roi.
Bourgeois de Villepart, chevalier de l'ordre royal et militaire de Saint-Louis.
Et Receveur, chevalier de l'ordre royal

et militaire de Saint-Louis, pensionnaire du roi.

Bien entendu qu'il eût fallu encore rappeller sous le drapeau, *couleur de muraille*, l'armée *grise* des vingt mille mouchards qui valoient mieux que toute la garde nationale, qui ne va jamais que tambour battant.

M. Bailli n'étoit pas très-éloigné de croire qu'il avoit une place qui supposoit et exigeoit les épaules d'*Atlas*: car il avoit déjà une douzaine de secrétaires, en épée, lorsque la *commune*, qui traçoit et distribuoit les pouvoirs, lui apprit que chargé par elle de faire, dans son carosse, les honneurs de la première ville du monde, il ne devoit que promener son œil vivifiant sur les administrateurs des quatre départemens, qui, s'ils ne pouvoient rien faire sans lui, ne souffriroient pas qu'il fît quelque chose sans eux. Cette maxime que je soutins et que je défendis, comme indispensablement nécessaire pour empêcher qu'un maire du peuple ne devînt un lieutenant-général de police, me fit perdre la *voix* de M. *Bailli*, sans qu'il ait jamais pu m'ôter son estime.

Il n'a pas tenu à moi que dès la première année, la police ne prît la marche simple, courte et aisée, que promettoit la diminution de ses devoirs. Il me sembloit que si le premier président du *Harlay* avoit pu dire à M. d'Argenson, en le recevant à la place où mes collègues et moi nous nous trouvions ; *le roi, monsieur, vous demande sureté, netteté, bon marché* ; nous pouvions réduire toutes nos fonctions à ces trois besoins d'un peuple libre.

Il étoit facile de prévoir que bientôt toutes les branches parasites de la police seroient coupées. Envain l'édit d'octobre 1696, nous attribuoit toute la partie administrative et contentieuse des arts et métiers ; la connoissance des manufactures, l'élection des gardes et jurés, les brevets d'aprentissage, les visites des jurés et l'exécution des statuts : nous voyions déja dans les élémens de la *constitution*, que les 44 communautés des amidonniers, des arquebusiers, fourbisseurs et couteliers ; des bouchers, des boulangers, des brasseurs ; des brodeurs, passementiers et boutonniers ; des cartiers ; des chaircuitiers, des chandeliers ; des charpentiers ; des charrons ; des chaudronniers, balanniers et potiers d'étain ; des coffretiers et gaîniers ; des cordonniers; des couturieres et découpeuses; des couvreurs, plombiers, carreleurs et paveurs; des écrivains ; des faiseuses et marchandes de modes, et plumassiers; des fayanciers, vitriers et potiers de terre; des ferailleurs, cloutiers et épingliers; des fondeurs, doreurs et graveurs sur métaux ; des fruitiers, orangers et grainiers; des gantiers, boursiers et teinturiers; des horlogers ; des imprimeurs en taille douce; des lapidaires réunis aux orfèvres; des limonadiers-vinaigriers ; des lingères; des maçons; des maîtres d'armes; des maréchaux-ferrans éperonniers ; des menuisiers ; des paumiers ; des peintres et sculpteurs ; des relieurs, papetiers et colleurs en meubles; des selliers et bourreliers ; des serrurriers, taillandiers, ferblantiers, maréchaux-grossiers ; des tabletiers, luthiers et éventaillistes; des tanneurs, corroyeurs, peaussiers, mégissiers et parcheminiers; des tailleurs-fripiers d'habits ; des teinturiers en soie, des teinturiers du grand et petit teint, des tondeurs et foulons de draps; des tapissiers, fripiers en meubles et des miroitiers; des tonneliers et boisseliers ; des traiteurs, rôtisseurs et pâtissiers, devoient jouir de leur industrie, sans jurande, comme les bouquetieres; les brossiers; les boyaudiers; les cardeurs de laine et de coton; les coiffeuses de femmes; les cordiers, les fripiers-brocanteurs qui achètent et vendent dans les rues, halles et marchés, et non en place fixe; les faiseurs de fouets; les jardiniers; les linieres-filassieres; les maîtres de danse; les nattiers; les oiseleurs; les pains-d'épiciers; les patenôtriers-bouchonniers; les pêcheurs à verges et à enguis; les lavatiers; les tisserands; les vanniers, et enfin les vuidangeurs. On doit être aussi maître d'exercer une profession que de la choisir : et la punition de celui qui aura entrepris un métier sans le savoir, sera de ne pouvoir en vivre. Le seul juge des talens, c'est le public qui les paye.

Sans doute que comme les maîtrises, tous ces privilèges, que la police étoit si intéressée à protéger, disparoîtront devant les *décrets* de la liberté. Un roi n'accordera plus, de sa grace spéciale, et de sa pleine puissance et de son bon plaisir, à une compagnie *Perreau* le droit exclusif de conduire le peuple en carrosse, comme si nos voitures étoient plus de sa compétence que nos jambes; à ce *Perreau* qui, pour avoir prêté à la cour cinq millions, dont l'intérêt

n'est

n'est que de 350,000 liv., en levant sur mille fiacres 40 sols par jour, et 6 sols sur huit cents remises, tiroit d'un coté 730,000 l. et de l'autre 87,000 liv. de revenu fixe; en tout, 817,600 liv.

N'auroit-il pas mieux valu, il y a long-tems, accepter ce que les cochers ont offert tant de fois, 200 liv. de capitation pour chaque carrosse de place, 100 liv. pour chaque remise, et 50 liv. pour chaque cabriolet. Cette contribution, en supposant deux mille fiacres qui devoient naître de la concurrence, autant de remises et cinq cents cabriolets publics, auroit procuré à l'état 625,000 liv. Il est vrai que cet arrangement n'eût point enrichi une compagnie *Perreau* ni un lieutenant-général de police.

Quant aux *chaises-à-porteur*, dont un capitaine des gardes obtint de Louis XIII le privilège par les lettres-patentes du 22 octobre 1717, lequel privilège passa au capitaine des mousquetaires du cardinal de Richelieu, et au marquis de Cavoi, grand maréchal-des-logis, et à la vicomtesse de Bourdeilles, et à Bontems, valet-de-chambre, associé avec deux marquis *bricolliers* et *brouetteurs privilégiés du roi*; il est tems enfin de rappeler à la police l'étonnement et la commisération qu'éprouva une dame de province que le luxe n'avoit point encore endurcie, en voyant un gros abbé qui avoit la santé d'un *Maury*, sortir d'une brouette attelée d'un homme : monsieur, lui dit cette bonne femme, oserai-je vous demander ce qu'a fait ce malheureux pour vous traîner? Il est tout en eau, et a l'air de ne pouvoir plus tirer. Pourroit-on lui obtenir sa grace? Il est payé, répond le robuste chanoine, pour être un cheval.

Je me flatte que cette anecdote ne fera pas rire tous ceux qui la liront.

La police doit conspirer elle-même contre tous les établissemens qui ne peuvent soutenir l'examen ni de la philosophie ni de l'humanité, et ne nourrir sur-tout aucuns de ces préjugés qui retarderoient les progrès de la raison. Loin d'elle ce principe barbare, qu'il faut tromper les hommes pour les gouverner. C'est celui des fripons qui gagnent à faire des dupes. Qu'elle oublie donc l'édit du 5 janvier 1749, qui défend aux bouchers d'étaler de la viande en carême. Ils sont passés, pour ne plus revenir, ces siècles de la superstition où l'on arrachoit les dents à ceux qui en mangeoient. Ce qui doit l'occuper, c'est la qualité des bestiaux : il faut qu'ils soient tués, et non pas morts d'eux-mêmes ou étouffés : l'apprêt en doit être fait proprement ; les chairs ne doivent pas être vendues toutes chaudes et le même jour que les bestiaux ont été tués, parce qu'elles sont dures, de mauvais goût, difficiles à digérer, et qu'elles peuvent causer des fermentations dangereuses dans l'estomach : que sur-tout elles ne soient pas corrompues.

Peut-être ne seroit-ce pas trop exiger de la police qu'elle répondît de la santé des citoyens. Du moins ne souffriroit-elle pas que le meilleur vin que le peuple boit dans les cabarêts fût celui où il n'y a que de l'eau : et une visite de chimistes seroit plus utile que celle que faisoient ces commissaires au châtelet, pour s'assurer si des voyageurs qui avoient soif osoient boire pendant qu'un prêtre chantoit à des domiciliés une messe que personne n'entend. Du moins enverroit-elle dans les marchés un autre juge que le *syndic* des jardiniers pour saisir ces dangereux *mousserons* qui se vendent comme des champignons : du moins s'assureroit-elle chez les chaudronniers si les garnitures des coquemars et de toutes pièces qui vont au feu, sont de cuivre forgé, et non de cuivre fondu ; s'ils emploient du plomb pour souder les robinets et boutons, même dans les fontaines ; si les bords des fontaines, chaudrons et marmites, sont toujours de fil de laiton, et jamais de plomb ou de fer ; s'ils ont l'imprudence de donner le regratage des ouvrages à étamer à leurs apprentifs, et s'ils n'enlèvent que le moins de cuivre (1) possible, pour que l'étamage soit bon. Et alors on pourroit très-bien leur faire grace de l'article de la déclaration du roi, du 4 octobre 1735, où il est défendu aux chaudronniers du pays d'Auvergne d'importer chez eux les ouvrages de chaudronnerie, pour les raccommoder, *devant le faire à la porte des bourgeois.*

Après la santé, c'est la sûreté. Il y a des accidens dont les administrateurs doivent répondre sur leurs têtes. Le parlement de Paris, qui s'occupoit du peuple

---

(1) Le collège de santé de Suède a banni le cuivre des cuisines. On ne peut s'en servir à Stockolm pour aucun des ustensiles et des vaisseaux où se préparent les alimens. Et cependant ce métal est une des premieres richesses de la Suede !

quand il n'avoit rien de mieux à faire, ne cassa-t-il pas des *échevins*, pour n'avoir pas prévu la chûte du pont Notre-Dame ?

Des ponts ne tombent pas tous les jours ; mais tous les jours des hommes tombent sous les roues dorées d'un cabriolet qui ne court souvent que parce que celui qui le mène, précisément parce qu'il n'a besoin d'être nulle part, voudroit être partout : et pourquoi toujours permettre ce que Louis XV eût défendu, *s'il eut été lieutenant de police* ?

Tous les jours des coursiers, rapides comme le vent, couvrent de boue l'observateur lent qui ne marche que pour se reposer, et souvent ne dit rien, parce qu'il auroit trop à dire. Les chevaux seroient moins humiliés de ce réglement que de celui qui oblige leurs maîtres, lorsqu'on les amène d'Angleterre, à avertir M. le grand-écuyer, pour que *par ses gens il fasse choisir ceux d'entr'eux qui lui plairont.*

Tous les jours des chiens danois renversent des enfans qui ne sont pas encore, à la vérité, des *Rousseau*. Pourquoi souffre-t-on que l'annonce d'un grand seigneur dans les rues soit un chien qui court et qui aboie ?

C'est à la police, qui doit avoir plus

d'yeux que de mains, à prendre toutes les précautions pour que le citoyen, le jour comme la nuit, dans les rues comme dans ses foyers, puisse jouir avec confiance de toutes les douceurs de la société. La crainte seule du feu, qui, dans ses ravages, ne laisse pas aux malheureux même la consolation de dire : ce que j'ai perdu, un autre le trouvera, exige qu'elle veille quand les citoyens dorment, même quand elle seroit sûre qu'il n'y a aucuns tuyaux de cheminées assis ou plantés contre des cloisons, des pans de bois, poutres, solives, sablières, entrais, faîtes ni sous-faîtes ; que les âtres ou tremies des cheminées sont plus larges de six pouces que l'ouverture des manteaux des cheminées; que tous les tuyaux ont trois pieds de long et dix pouces de large dans oeuvre; les languettes, de trois pieds d'épaisseur, compris les enduits, liés avec des fantons, de deux pieds en deux pieds aux moins, et les tuyaux des cheminées de cuisine, des hôtels garnis, grandes maisons et communautés, quatre pieds et demi à cinq pieds de long, et dix pouces de large, et construites de briques avec des fantons de fer.

L'inquiétude des incendies suffiroit pour

que la police, dans un moment sur-tout où des théâtres s'essaient jusque dans la rue *Quincampoix*, ne permît aucune salle de spectacle qui n'auroit pas des grands barils d'eaux, des pompes foulantes et aspirantes, et même un réservoir d'eau sur le haut de la salle, toujours prêt à l'inonder : bien entendu que les portes, qui, à peine assez grandes pour entrer, sont trop petites pour s'enfuir, ne seront plus des guichets.

Rien n'est étranger à une police. C'est à elle à ne laisser passer aucune de ces lentes et lourdes voitures qui gémissent sous du moëlon, sous des pierres à plâtre, sous des meulieres, si elle n'est garnie de ridelles, devant, derriere et des côtés : c'est à elle à faire arcbouter avec des colonnes le ciel des carrieres qui ne doivent s'ouvrir qu'à une certaine distance de la voie publique : c'est à elle à faire verser dans les fosses d'aisance et les puisarts beaucoup de vinaigre, jusque sur les habits de ceux qui ne connoissent ni le dégoût ni le danger ; c'est à elle à prévoir la chûte des couvreurs, des tuiles et des plâtres, en attachant, soit à des perches, soit à des crochets de fer, au-dessous du toît, un filet dont les mailles n'auroient qu'un pouce de diametre : et dans les rues étroites, on pourroit en attacher une extrémité à la maison que l'on couvre, et une autre à la maison vis-à-vis.

J'étois chargé d'indiquer ce moyen simple aux municipalités citoyennes : qu'elles fassent faire quelques-uns de ces filets, et en les louant aux couvreurs qui ne seroient pas assez riches pour en faire les frais, elles y gagneront encore plus que de la reconnoissance.

J'ai à proposer aux maçons une précaution contre l'explosion mortelle du plâtre que produit la chûte accélérée des décombres : c'est de pratiquer une espèce de grand tuyau quarré, composé de planches jointes ensemble, dont un bout répond au haut des échaffauds, et l'autre à deux ou trois pieds de terre.

L'ennemie du bien et du mieux, c'est la routine. Les ouvriers sur-tout tiennent à leurs habitudes. Ils feront demain ce qu'ils ont fait aujourd'hui, par la raison qu'ils le faisoient hier. Il faut donc qu'une administration éclairée accueille et encourage les rares idées qui naissent dans des atteliers.

La police n'a pas seulement des malheurs à prévenir ; elle a encore une morale publique à former. Il faut qu'elle éloigne du peuple ce *combat du taureau* qui a peut-être fait commettre plus d'un assassinat. Il faut que si un boucher barbare menace de son noueux bâton le veau encore trop jeune pour pouvoir aller de lui-même à la mort, elle lui crie : tue-le, mais ne le frappe pas.

Enfin, la police ne sera bien faite, que quand elle sera faite par des philosophes, par des philosophes assez courageux pour défendre à la religion elle-même, lorsque sous le prétexte superstitieux de détourner la gelée des vignes, elle ébranle par des sons répétés les clochers de ses églises, de troubler le silence des nuits ; car il n'est pas plus permis de sonner que de crier, quand le peuple dort.

Si jamais la ville de Paris a pu concevoir l'espérance d'avoir une bonne police, c'est dans cette régénération des choses et des personnes, où des domiciliés librement élus l'exercent en partie dans leur quartier respectif, et où enfin il n'est plus permis au roi de constituer un homme prisonnier, que sous les ordres de la loi.

L'expérience lui apprendra si Corneille

n'a pas peint les administrateurs qu'elle veut changer souvent, quand il a dit :

> Ces petits souverains qu'on fait pour une année,
> Voyant d'un temps si court leur puissance bornée,
> Des plus heureux desseins font avorter le fruit,
> De peur de le laisser à celui qui les suit.
> Comme ils ont peu de part au bien dont ils ordonnent,
> Dans le champ du public, largement ils moisonnent;
> Assuré que chacun leur pardonne aisément,
> Espérant à son tour un pareille traitement.

Tout partisan que je suis de la consolante amovibilité, je ne peux dissimuler que j'ai entendu proférer à un indigne administrateur, qui ne tenoit à sa place que par les quatre mille francs qu'elle lui rapportoit, ce mot insoucieux de Benoît XIV: *Sara l'affare del papa che viene.*

OBSERVATIONS
ET REMARQUES
SUR LA
POLICE DE LONDRES.

Dans l'étude de la police, l'autorité la plus imposante, puisqu'elle est la plus éclairée, c'est sans doute l'exemple d'une ville où les citoyens maintiennent l'entier exercice de leurs droits, où fiers de la protection des lois, ils montrent partout l'énergie d'un peuple libre.

Lorsque sans autres talens que ceux que donne un caractère ferme, je me trouvai à ce poste où le *magistrat*, déserteur, ne laissoit que des lettres de cachet en *blanc*, contre les *vainqueurs* de la Bastille, au lieu d'apprendre mes devoirs dans le *code des despotes*, dans ces courts momens que me laissoient le flux et le reflux des désordres et des dangers, je préparois, par la méditation, la lente réforme des abus. Un de mes amis qui voyageoit en Angleterre, pour glaner après *Grosley*, pressentant bien que dans cette route nouvelle, je manquerois d'autant plus de ressources, que je n'y manquerois jamais de courage, s'empressa de jetter pour moi un coup-d'œil rapide, mais juste, sur la police de Londres : et si l'administration britanique n'est point toujours un modèle à suivre, du moins est-ce un guide bon à connoître.

Jurisdictions. Londres est divisée en six parties qui ont toutes des jurisdictions, nommé la Cité, Midlesex, Westminster, Southwark, les hameaux dépendans de la cour, et Shadwelle : il y a dans ces parties cent quatre paroisses et deux églises qui en ont le titre, Saint-Paul et l'abbaye de Westminster.

Chacune de ces parties a un haut connétable qui s'appelle dans la Cîté le maréchal, dans Westminster, grand bailly, et dans les autres, haut connétable : celui de Wesminster est toujours un homme de qualité, et les autres, non.

Guet ou garde de nuit. Dans chacune des cent six paroisses il y a deux connétables choisis annuellement par la bourgeoisie de la paroisse, qui servent sans solde, et s'ils veulent s'y soustraire, il faut qu'ils payent une amende de trois-cents guinées. Ils sont subordonnés au haut connétable de chacune des parties ou sont situées leurs paroisses : ces connétables de paroisses font patrouilles de deux nuits, l'une avec leurs sous-connétables qui sont soldés par la paroisse. S'ils rencontrent de mauvais garnements de toutes espèces qui troublent le repos public, putains, voleurs, etc., ils les arrêtent ; mais ils ne peuvent le faire que dans le flagrant délit, à moins qu'ils ne les connoissent pour être dénoncés juridiquement ; car quand ils les reconnoîtroient pour avoir commis vingt vols et assassinats, etc., sans cette formalité, ils ne les arrêteroient pas, s'ils ne troublent point le repos, comme cela est dit. Ce sont d'autres personnes au nombre d'au moins cent cinquante, commandées par six connétables particuliers, tous attachés directement au bureau que le défunt fameux juge de paix, chevalier Fielding, avoit établi spécialement, à l'effet d'y recevoir de tous particuliers volés, attaqués, etc., les déclarations des délits exercés contre eux, et ou l'on paye pour l'enrégistrement de la déclaration ; ce sont, dis-je, ces gens-là qui ne

Sûreté.

sont élus par personnes, qui font la recherche des délinquans; ils n'ont rien de commun avec les connétables élus; et quoique ces gens soient fort utiles et fort intelligens, on les méprise généralement, et les six connétables qui les commandent ne le sont pas moins. La quantité des voleurs qu'il y a à Londre est si considérable que quelqu'activité qu'ils mettent à leurs recherches, quelques nombreuses que soient leurs captures tous les jours, on ne s'apperçoit pas que le nombre en diminue; mais comme à toutes les sessions, qui se font au bout de six semaines, il y a un grand nombre de condamnés à la mort, ou à être transportés, on juge de la quantité de captures qu'ils ont faites pendant cet intervalle de temps. Il est à observer sur cela la même chose qu'à Paris; c'est que les connétables de paroisses n'arrêtent pas dix voleurs sur cent qui le sont par les gens en question, et l'on peut appliquer par comparaison, ce qui se passe à Paris à cet égard, entre le guet, la garde et la sûreté. Si ces mêmes gens arrêtent tant de voleurs, c'est une preuve apparente, sans doute, qu'ils font leur métier; mais ce que tout le monde sait et ce qui ne contribue pas peu à les faire tant mépriser, c'est qu'on est convaincu qu'ils s'entendent avec les voleurs dont ils reçoivent autant d'argent qu'ils peuvent leur en attraper pour ne pas les arrêter, et que, par conséquent, sans cette malversation ils en arrêteroient bien davantage : quant à leur composition voici ce qu'elle est. Les six connétables sont assez communément de mauvais sujets, ruinés par le libertinage, bien au fait du local des tripots, des mauvais lieux, etc. etc. Et leurs subalternes sont presque tous des voleurs qui n'ont échappés à la punition qu'en se rendant délateurs de leurs complices, ce qu'on appelle en terme de loi, *témoins d'évidence.*

Il y a eu deux bills proposés au parlement en mars 1783. On vouloit par l'un que tous gens seroient sensés suspects et fussent arrêtés, quand on leur trouveroit nuitamment des instrumens propres à faire des bris de portes ou maisons ; mais il n'a pas passé ; et l'autre qui a été reçu, condamne à mort les receleurs.

A l'égard de ceux qui troublent le repos et font tapage, le connétable de paroisse les arrête, les met dans un dépôt qu'il y a dans chacune, nommé *Roundhouse*, et après les avoir examinés, il est le maître de les renvoyer le matin ; s'il les trouve coupables soit de récidive de tapage ou pour avoir été accusés de crimes, il les renvoye chez un des juges de paix de la paroisse, mais presque toujours au bureau de Fielding, et ce dernier juge de paix les examine ; s'il les trouve coupables, il les envoye à la prison de Newgatte, et dès le lendemain de l'emprisonnement, ce juge de paix envoye au haut juré du quartier ou le délit a été commis, le procès-verbal qu'il a dressé, et ce haut juré décide sur-le-champ par un *attinder*, que l'accusé a été bien emprisonné à Newgatte, qu'il doit être en loi, c'est-à-dire que son procès lui sera fait, ou bien qu'il doit être élargi, et il l'est sur-le-champ, et dans ce dernier cas il peut prendre le juge de paix à partie pour l'avoir envoyé en prison. Le procès devant lui être fait, voici comme cela se passe : s'il arrive que l'emprisonnement ait lieu le lendemain que la session des grands juges est finie, ou pendant qu'elle dure, l'accusé reste en prison sans qu'on lui dise rien, sans qu'on le mette au secret, ni aux cachots pendant les six semaines qui s'écoulent d'une session à l'autre ; mais quand elle recommence, c'est-à-dire que les grands juges reviennent au tribunal pour juger les procès, ou plutôt les instruire, on met aux cachots tous ceux qui

Espèces de Commissaires au Châtelet de Paris.

Instruction des procès criminels.

qui doivent l'être, et cela pendant sept ou huit jours que dure la session qui se tient sans discontinuation, même pour les repas, du matin au soir, et fort tard. On amène l'accusé dans le tribunal, par une voûte souterraine ; là il est mis dans une barrière de cinq pieds en quarré, dont les appuis ont trois pieds de haut, exhaussée du plancher de deux pieds, de sorte que tout le monde le voit, car y entre qui veut en payant aux valets des juges ; les trois grands juges entendent les témoins, en présence de l'accusé, tant ceux à sa charge que ceux qu'il a désignés pour lui, et cela haut, ainsi que les réponses que fait l'accusé aux charges des témoins, lui représentent le corps du délit, laissent jaser les avocats que l'accusé a choisis à grand prix d'argent ; et quand cette instruction est faite, un des grands juges s'adresse aux douze jurés qui sont sur un banc à côté de l'accusé pour leur expliquer la nature du délit et tout ce qui a été dit et fait pour le prouver. On se doute bien de l'influence que doit avoir l'éloquence d'un homme aussi respecté que l'est un grand juge, sur douze artisans, maçons, cordonniers, perruquiers, etc., et que l'opinion inspirée à ces têtes à perruque les

Tome II.   V

décide à crier *guitty* ou *not guitty*, ce qui veut dire coupable ou non coupable. Il est à observer que les jurés ne connoissent que du point de fait et non du point de droit : dans le cas coupable, l'accusé est ramené en prison et laissé au préau ; dans le cas non coupable, il est mis sur le champ en liberté : on ne connoit point de plus amplement informé, de questions préparatoires, ni préalables. Mais ce qui est atroce, c'est qu'il ne faut qu'un témoin, n'importe de quel sexe, pour établir la preuve d'un fait quelconque, quoique s'il s'en trouve d'autres, on les entend également : ce qui n'est pas moins injuste, c'est qu'un des accusés, s'il y en a plusieurs au procès, n'a qu'à se déclarer *témoin pour le roi ou d'évidence*, comme je l'ai dit, contre ses co-accusés ; fût-il le plus coupable, il est non-seulement mis en liberté *ipso facto* après la confrontation ; mais c'est qu'il sert de témoin contre eux ; et ne fût-il que lui seul, ses complices sont jugés sur son témoignage uniquement.

A partir du jour de sa condamnation, le coupable reste au préau environ cinq semaines, et huit jours avant d'être exécuté, on le remet aux cachots : le jour qu'il y est remis, il est ramené au tribunal, où on lui lit sa condamnation : depuis ce moment jusqu'à celui qu'il sort de la prison pour être exécuté, un Watchman, ou crieur de nuit, vient toutes les heures auprès de la prison et des cachots, avertir les condamnés des jours et heures qu'ils ont à vivre.

La liste des condamnés est présentée au Roi par le chancelier, le lendemain du jour des condamnations, et sur le nombre de ceux qui le sont à la mort, il en efface d'un coup de plume, la quantité qu'il veut, de sorte qu'il n'y en a jamais que cinq ou six par session de pendus ; et ceux qui sont graciés le sont totalement, et mis en liberté ou exportés ; cause qui augmente encore la quantité des scélérats, et dans laquelle on voit combien la protection peut influer sur la miséricorde du Roi : mais ce qu'il y a en même temps de bien louable dans cette façon d'obtenir grace, c'est qu'il n'en coûte rien aux graciés, et que les formes ne les assujettissent pas comme en France, à une nouvelle détention, et à des frais énormes.

Le jour de l'exécution, ils partent de la prison à 10 heures du matin, pour arriver

Exécutions.

à Tyburn à 11 heures ; il y a au moins une grande lieue de distance d'un endroit à l'autre : ils sont plus ou moins de condamnés dans une grande charrette, sur laquelle est étendu un drap noir, ainsi que sur les bancs où ils sont assis sans personne avec eux, escortés par 150 ou 200 connétables des paroisses, qui n'ont pour toute arme qu'un bâton de six pieds à la main, peint en bleu et semé de fleurs de lis en or, et commandés par un certain nombre de hauts connétables à cheval, vêtus de noir, ayant dans la main un bâton de commandement, en argent, surmonté d'une fleur de lis : le ministre qui doit les exhorter, se rend à Tyburn, ainsi que deux schérifs qui ne sont autre chose que les exécuteurs de la justice. Ce sont ordinairement de très-riches négocians, tous ayant la qualité d'écuyers, qui, s'ils voulaient s'y soustraire, payeroient 2000 guinées d'amende, et s'ils ne font pas les exécutions eux-mêmes, c'est qu'on leur permet de les faire faire par un tiers ; mais que la loi ne connoit pas *ad hoc*. La charrette arrivée dessous le gibet, qui n'est que ce que nous appelons fourches patibulaires, c'est-à-dire deux piliers et une traverse en bois qu'on pose au fur et mesure ; l'exécution se fait sans retarder ; car il n'est jamais question de testament suplicaire ; le commis du schérif donc jette une corde dessus la traverse, la passe au col du condamné qu'il a fait lever de dessus le banc, la laisse fort lâche, et plus longue d'un pied que la distance du col à la traverse, et quand le nombre des condamnés a la corde au col, les bras attachés, le ministre monte sur la charrette, et un livre à la main, pérore chacun d'eux tour-à-tour, un demi-quart d'heure, et pendant ce temps, pères, mères, amis montent sur la charrette, embrassent, pleurent et encouragent le condamné : les péroraisons faites, le ministre descend de la charrette et décampe : alors le commis du chérif tire de ses poches tout autant de bonnets de coton blancs qu'il y a de condamnés, les leur met sur la tête et jusqu'au menton : je ne vois pas trop pourquoi, si ce n'est pour qu'ils ne voyent pas les chérifs qui sont dans leurs carrosses en face des condamnés au bout de la charrette, les glaces de devant abaissées, faire signal de leur bâton à leur commis qui est debout dans la charrette derrière les patiens, le dos tourné au cheval, ainsi qu'eux, et son fouet à la main, de le faire marcher : du moment qu'ils ont perdu les pieds du plancher de cette charrette, et conséquemment qu'ils sont suspendus, ils ne vivent et ne souffrent pas plus de cinq ou six minutes, de sorte que cette manière d'exécuter les coupables est infiniment plus humaine et moins rebutante à voir que celle pratiquée en France, où l'exécuteur se perche sur le patient et le secoue pendant quinze ou vingt minutes : on assure, mais je ne l'ai pas remarqué, que deux pigeons apportés du colombier de la prison de Newgatte, par un des guichetiers, au haut d'une maison près le gibet, sont lâchés immédiatement à l'instant où les patiens perdent les pieds de dessus la charrette, et que ces oiseaux retournant à leur demeure, annoncent aux prisonniers que la justice est satisfaite.

Grand nombre des malfaiteurs en Angleterre.

Il n'y a pas de session dans Londres, seulement pour les six jurisdictions dénommées ci-dessus, qu'il n'y ait au moins quarante ou cinquante jugemens à mort, et une vingtaine à être transportés ; ainsi on peut conclure de ce nombre combien de crimes il se commet dans l'Angleterre, (sans parler de l'Ecosse et de l'Irlande) pour laquelle seule il y a douze grands juges qui la parcourent toutes les six semaines pour instruire les procès et juger les coupables : les deux de Londres n'en sortent point : chacun de ces douze grands juges a d'appointemens environ 90 mille livres de France, sans aucune autre rétribution quelconque : on les tire du collège des avocats, et quand ils ont exercé 20 ans, ils sont faits lords, chanceliers, ministres etc. Le fameux Mylord Mansfield l'a été.

Les accusés du crime de haute-trahison sont jugés tout comme les autres, mais conduits au gibet assis sur une claie, le dos vers les chevaux (car il y en a quelquefois six pour ces sortes d'exécutions) et en face de lui est assis, sur la même claie et sur un tabouret, l'exécuteur, qui tient à sa main une hache dont le tranchant est tourné vers le condamné, pendu comme les autres, ensuite, comme on le sait, le coeur arraché etc. etc. ; ou au moins on en fait semblant par des incisions sur la peau, ainsi que cela s'est pratiqué envers le malheureux Lamotte.

Prostitution énorme.

(1) La débauche des filles prostituées est

---

(1) Les filles publiques, d'après ce que dit Grosley, ce département si important pour la police de toutes les grandes villes, inquiettent fort peu celle de Londres. Cependant elles y sont en plus grand nombre qu'à Paris, plus libres et plus hardies qu'à Rome même. A la chûte du jour, elles garnissent les trotoirs de toutes les grandes rues, par troupe de cinq ou six, la plupart fort honnêtement mises. Les boutiques où l'on vend la bierre leur servent de refuge. Ces boutiques ont ordinairement un arriere cabinet ou boudoir, consacré à cet usage. Ce métier est si peu clandestin, que l'on débite publiquement la liste de celles qui le font avec quelque distinction. Cette liste très-nombreuse indique leur demeure, et offre les détails les plus précis sur leur figure, sur leur taille, leurs autres charmes, et les talens qui les distinguent. Elle se renouvelle chaque année, et se vend dans le portique de Coven-garden, sous le titre de *nouvelles Athalantes*, avec le nom de l'auteur au frontispice.

De pareilles listes avoient cours à Athenes, et surtout à Corinthe, si fameuse par la beauté de ses courtisannes. *Athénée* nous a conservé les noms de plusieurs auteurs qui les faisoient, tels qu'*Ammonius*, *Aristophane & Gorgias*.

infiniment plus considérable, plus dégoûtante et plus impunie qu'à Paris : on peut compter, sans exagération, quatre-vingt mille racrocheuses qui, dès la brune, s'emparent du pavé, et rodent jusqu'au jour, sans que qui que ce soit les en empêche, à moins qu'elles ne fassent ou n'occasionnent des querelles, tapages, vols, etc. ; car alors les Watchmans, ou veilleurs de nuit, ainsi que les patrouilles des connétables de paroisses les arrêtent, et les conduisent à la *round house*, pour le lendemain être menées et examinées devant un juge de paix qui les envoie à Bridewelle, (prison de police) s'il le juge à propos ; et de peut-être 60 par nuit auxquelles cela arrive, à peine six y sont envoyées : elles ne se contentent pas de racrocher avec l'effronterie la plus dégoûtante, pour les horreurs qu'elles disent, mais c'est qu'elles le font au premier coin de borne, de rue, d'allée, de jardins, et sur-tout au parc St. James, où elles fourmillent; d'autres mènent les imbécilles qu'elles racrochent dans des taudis à bierre, où, d'accord avec des matelots, ils sont volés, battus, etc. Il y en a d'autres qui s'entendent avec les Watchman qui leur prêtent les petites guérites de bois, dont toutes les rues sont pleines, destinées à les mettre à l'abri des injures du tems, pour y consommer leur débauche ; d'autres mènent leurs conquêtes chez elles, et d'après ce que j'en ai vu, car le vieux débauché de.... m'y a mené une fois, il n'est gueres de grabats de mendians plus sales : d'autres enfin (et ce sont celles qui racrochent dedans et à l'entour des spectacles) qui sont les mieux parées, les mènent dans des cabarets nommés bagnios, où les guinées ne valent pas 3 livres de France, par la cherté excessive des choses qui s'y vendent. Il est de ces bagnios qui sont beaux quant aux glaces, meubles, lits, etc., et si commodes qu'un débauché, y entrant sans femme, peut dire au maître, à la maîtresse, aux domestiques, mâle ou femelle, qu'il veut une catin, blonde, brune, grande, petite, d'âge mûr, d'âge tendre, vieille s'il veut, et est servi dans le moment, et avec trois schellings qu'il lui en coûte pour la course du fiacre ou chaise-à-porteur qui les lui amène. Il peut en faire venir autant qu'il lui plaît, jusqu'à ce qu'il ait trouvé chaussure à son pied ; mais quand il en sort, il faut payer une guinée pour le loyer de la chambre et du lit, deux guinées si il y a couché, et trois ou quatre pour le souper, indépendamment du présent d'amour (c'est le terme consacré) à la divinité, qui ne peut être moindre de deux guinées ; mais je ne sais cela que par tradition, car je n'ai jamais voulu y aller, quoique j'y aie été engagé bien des fois par le vieux débauché en question. Il y a aussi une vingtaine de maisons, telles que celles de la Gourdan, la Brisseau etc., qui ne sont pas à meilleur marché que les bagnios.

Spectacles.

Les spectacles me paroissent bien extraordinaires, quand je vois la quantité de monde qui s'y rend, et qui en sort sans le moindre tapage, le moindre bruit, et ce sans que qui que ce soit y mette le bon ordre, ni pour les carrosses, les chaises-à-porteur, ni pour le peuple. Si le silence dans le cours du spectacle n'y est pas toujours gardé, c'est la faute des acteurs qui ne plaisent pas, et auxquels, pour leur argent, les Anglais veulent avoir la liberté de faire des réprimandes à leur maniere, en leur jetant des oranges au nez, et en faisant, un tapage infernal de cris, de sifflets etc., et à tout cela il n'y a que du bien, et point d'inconvéniens à craindre. Il y a une garde à l'opéra, bien plutôt pour le décorum qu'autrement : dans les autres spectacles il n'y en a seulement que lorsque le roi y vient ; mais pour lui uniquement, et non pour le bon ordre, à moins que, comme cela est arrivé quelquefois, il n'y ait des combats occasionnés par des cabales, des intrigues, en faveur de tels ou tels acteurs, actrices ou pièces etc., et encore la présence des soldats inspire-t-elle tant d'humeur, qu'on les a vus très-souvent être bien rossés et obligés de décamper.

Propreté.

Les trottoirs sont balayés et lavés tous les jours par les boutiquiers et locataires des maisons, et cela volontairement ; mais la voie des voitures mal pavée, ou plutôt point pavée, puisque ce ne sont que des cailloux naturellement arrondis, mis auprès l'un de l'autre, dans presque toutes les rues (Cependant il y en a dans Westminster, St. James et ailleurs, dans les beaux quartiers, qui le sont assez bien) qui ne sont balayées les unes que tous les 15 jours, les autres toutes les trois semaines, selon que les particuliers paient plus ou moins aux entrepreneurs du balayage. Cette voie des voitures est toujours remplie d'un amas dégoûtant de fumier, d'immondices qui ne sont enlevées que plus ou moins souvent ; dans certaines rues tous les jours, et dans d'autres, comme il est dit, tous les quinze jours ou trois semaines. Quant à l'arrosement, il est encore volontaire, et les boutiquiers et autres qui ne veulent pas que la poussiere gâte leurs marchandises ou meubles, paient des gagne-deniers qui ont la permission d'ouvrir les réservoirs d'eau pour les incendies, qui sont très-communs dans toutes les rues, et semblables à ceux qui sont établis nouvellement à Paris. Ces gens font des batardeaux, et avec des pelles arrosent les endroits qui leur sont indiqués ; d'autres font arroser par des tonneaux semblables à ceux dont on se sert pour l'arrosement des boulevards.

Incendies.

Quant aux incendies, dès qu'on s'apperçoit que le feu prend à une maison, on va chercher le fontainier des réservoirs dont est question ci-dessus, et on envoie chez les pompiers, qui aussi-tôt viennent le plus vîte qu'il leur est possible, avec une pompe dans une charrette faite exprès; d'autres vont en chercher dans les églises qui en ont chacune trois, quatre et cinq, qui se traînent à bras en courant les uns et les autres à qui mieux, parce que le premier arrivé a cinq guinées, et les derniers ne sont payés que suivant l'ouvrage et le tems qu'ils sont employés. Il y en a tels qui restent deux ou trois jours jusqu'à ce que les tisons soient totalement éteints, de peur que le feu ne prenne aux maisons d'à côté. Presque toutes les maisons sont assurées, et pour les distinguer, on y met des plaques de cuivre de huit à dix pouces en quarré, au premier étage, entre les croisées; mais quoique cet usage soit très-bon en lui-même, il en résulte souvent, comme de tous les autres utiles, un abus fort onéreux aux assureurs, c'est qu'il est très-commun de voir des incendies occasionnés par les propriétaires, pour se faire payer par les assureurs le prix qu'ils ont estimé leurs maisons et meubles, et sur lequel prix on leur a fait payer par année telle ou telle somme ; cependant il y a de gros risques à courir, car on feroit le procès et on pendroit celui qui seroit convaincu d'avoir mis le feu à sa maison. Le chevalier de St. Cricq, célèbre joueur, ci-devant gendarme de la garde, fut soupçonné, il y a 15 à 18 ans, d'avoir fait cette horreur ; mais n'ayant pas été convaincu, les assureurs lui payerent mille guinées qu'il avoit estimé ses meubles, hardes et bijoux, et qui n'en valoient pas deux cents.

Illumination.

L'illumination est un objet important aussi ; mais l'idée qu'on a à Paris de sa perfection est bien fausse. Voici ce qu'elle est : les lanternes ne sont que des petites cloches de verre assez blanc, de 8 pouces de diamètre et de 10 de haut, découvertes par-dessus, mais sur lesquelles, à 3 pouces d'élévation de l'orifice, est un capuchon de tôle, et presque demi-rondes par le bas, emboîtées dans un chassis de fer aussi d'environ 4 pieds de long, scellé dans le mur. Il y a dans ces cloches une petite lampe à deux mêches imbibées d'huile, qui ne jette qu'une clarté foible, et qui n'éclaire absolument que les trotoirs et point la voie des voitures. Comme ces lanternes sont placées à 15 pas de distance les unes des autres, rien n'est plus agréable que de voir l'effet que produit la quantité de ces lumières dans de longues et larges rues. Il y en a qui ont une demi-lieue, d'autres plus, et toutes alignées, ainsi que dans les places, carrefours, etc. Cet effet cependant ressemble fort à des convois funèbres qui se croiseroient dans tous les sens. Il résulte donc de cette illumination, qu'elle éclaire bien moins que celle de Paris, où l'on se plaint néanmoins que les réverbères éblouissent les cochers ; mais à Londres ils éprouvent le contraire ; car dans les grandes rues, qui sont fort nombreuses et plus larges deux fois que les rues Saint-Louis au Marais, de Tournon etc., ils ne voient pas clair. En Angleterre on a plus d'égard aux gens de pied qu'à ceux en carrosse, et l'on fait bien.

Voilà à-peu-près toutes les observations que j'ai cru devoir faire à Londres, parce qu'elles peuvent se comparer à la police de Paris ; mais celles ci-après ne sont pas
moins

moins vraies et pas moins utiles à savoir : et comme, de deux mille Français qui vont dans cette capitale par année, pas vingt, peut-être pas même dix d'entr'eux ne se mettent à portée de le faire, non plus que ne l'ont fait tous les écrivains qui ont écrit sur Londres à tort et à travers, je ne serois pas étonné d'être démenti sur ce que je vais dire de certains quartiers de cette célèbre ville, et de plus de 200 mille de ses habitans qui les occupent ; en tout cas, j'offre de gager vingt contre dix que je le prouverai.

Etrange malpropreté et misere dans certains quartiers inconnus à tous les étrangers qui vont à Londres.

Je dis donc que peu ou point d'étrangers français ou autres n'ont jamais mis le pied dans les rues et quartiers ci-après nommés, savoir la rue appelée Kent Street, et toutes celles qui y aboutissent, le bourg de Stouhwarck, depuis la rue appelée High Street jusqu'au pont de Westminster, excepté le quartier intérieur de Lambeth, le quartier appelé Milbanck, et celui de Pety France, ainsi que les rues qui y aboutissent; le quartier de Spitafields, celui de Moorfields, celui d'Holy well Mouunt, celui de Grube Stréel, celui de Shoreditch, celui de Old Road, les extrémités de Whitte Chappel, le quartier de Clerkenwell, celui de Spafields, les quartiers de Wapping, Shadwelt, Ste. Catherine, et tout le long de la riviere, excepté la rue qui borde, sans compter tous les quartiers qui se trouvent entre les grandes rues, comme le quartier de Drury Lane, le quartier de St. Gilles etc., tous occupés par une populace d'environ 200 mille habitans; qu'ils n'y ont point vu, et ne connoissent pas par conséquent la misere la plus hideuse et la plus grande que l'on puisse se figurer. Il seroit impossible de s'en former une idée qui approchât de la réalité, en comparant même ces quartiers avec ceux habités à Paris par la classe la plus indigente. La vue de ces horreurs surprend d'autant plus que la commodité publique, en considération premiere dans tous les autres quartiers de cette capitale, tels que Westminster, St. James, Mary-le-Bone, et les environs de Holborn, le Strand, Fleet Street, Cheapside, St. Paul et plusieurs autres qu'il seroit trop long de détailler, est absolument oubliée dans ceux-ci. Les égouts y aboutissent, les rues ne sont pas pavées, on n'y marche conséquemment que dans la fange; on y fait la guerre aux animaux domestiques pour avoir leurs peaux ; leurs corps, que l'on rencontre à chaque instant sous les pas, augmentent la puanteur insupportable pour toutes personnes habituées dans un autre quartier. Les voiries, les cimetieres paroissent être réunis dans ces différens cantons pour en faire des lieux d'horreur et de putréfaction. Ces quartiers et rues sont cependant habités par les réfugiés français, la classe la plus plus pauvre, la plus scélérate ou la plus débordée de Londres, occupés dans les manufactures pour leur pain seulement.

Mendicité.

Les mendians y sont dix fois plus nombreux qu'à Paris, plus incommodes, plus hideux ; et cependant l'anglomanie a tellement prévalu, qu'on entend à tout moment dire qu'il n'y a ni loups ni mendians en Angleterre. Il y a plus : c'est que les rues, le parc St. James, les entrées des églises et des spectacles, sont remplis de soldats et de matelots estropiés qui mendient avec leurs uniformes. On dit à l'égard des premiers, qu'ils ne sont ou n'ont point été soldats, et que les uniformes qu'ils portent en sont de vieux qui leur sont donnés, ou qu'il achètent; et à l'égard des matelots, comme ce sont sur des corsaires qu'ils ont été estropiés, le gouvernement ne leur doit point de récompense.

Bohémiens.

Il est une autre espèce de malheureux qui fait horreur, et pour laquelle il n'y a nul secours à espérer dans les hôpitaux, mais seulement quelques aumônes des passans. Ces malheureux sont appelés *Gipsy*, et ne sont autres que des Bohémiens d'origine, les mêmes que ceux proscrits en France par l'édit du roi de 1726, qui les condamne à être pendus sans forme ni figure de procès; qui viennent à Londres, et se répandent dans tout le royaume, d'une petite partie de la province de Sussex, où ils habitent les forêts comme les bêtes-fauves. A Londres ils mendient dans le jour, et la nuit on les voit sous les portes, sur les trotoirs, accroupis comme des singes, la tête enveloppée de guenilles dégoûtantes, recevoir la pluie, la neige, les brouillards, etc. Ces malheureux qui courent les campagnes, et qu'on y rencontre par bandes de huit ou dix, vont disant la bonne aventure dans les villages, hameaux, etc ; ils ne sont reçus nulle part pour y loger ; semblables aux Parias des Indes, qui n'ont jamais eû pour toîts que les cieux, ils ne sont jamais entrés dans aucune étable, écurie ou maison. On dit cependant, et je le crois, qu'il n'y a point de pays dans l'Europe où il y ait plus de fonds pour le soulagement de l'indigence qu'en Anglettere; mais ce qu'on ne dit point, et ce qui est de la plus grande vérité, c'est qu'il n'y en a pas où les pauvres soient plus malheureux.

Fonds des paroisses pour les pauvres.

Ces fonds sont levés dans chaque paroisse sur chaque habitant, comme les autres charges qui toutes ensemble sont énormes. Ceux destinés aux pauvres ont pour objet l'entretien des maisons de charité établies dans chaque paroisse ; mais ces malheureux y sont mal logés, mal nourris, mal vêtus, et tout cela est fait si mesquinement, qu'une très-grande partie aime mieux mendier dans les rues que d'y aller.

Hôpitaux publics.

Quant aux hôpitaux publics, il faut les voir pour se convaincre qu'il n'y a qu'en France où la charité est véritablement exercée.

L'hôtel-dieu de Paris contient à lui seul plus de malades que tous ceux de l'Angleterre réunis. Le plus considérable de ceux de Londres n'a que trois cents lits, et il n'y en a que quatre. Non-seulement il n'y a que ce peu de secours quant à la quantité; mais il faut voir comme ils sont administrés, nourris, vêtus et couchés! En un mot, quoique couchés seuls, et c'est en cela qu'ils font valoir la beauté de leurs établissemens, au détriment de l'hôtel-dieu de Paris, il n'y a pas de comparaison du bien-être des uns et des autres; j'ai remarqué cependant que l'hôpital du Christ, en la Cité, est assez considérable et bien tenu. Il contient environ douze cents orphelins, tous garçons, destinés pour la plus grande partie au service de la marine.

Prêteurs sur gages.

Quant aux prêteurs sur gages, il y a au moins trois cents boutiques ouvertes, nommées pawn broke, distinguées des autres par trois grosses boules de bois doré, arrangées en triangle et dépassant l'au-vent, aux montres desquelles sont en évidence tous les effets mis en gage, à chacun desquels est attaché une étiquete de la somme prêtée ; et à ceux qui sont à vendre, les délais expirés, le prix qu'on en veut, etc. etc.

Ces remarques, qui naissoient en désordre sous le crayon de mon ami, me prouverent que si la police n'a pas plus à Londres qu'à Paris la force des lois et des moeurs, elle respecte du moins jusques dans ses erreurs les principes éternels de la liberté. Ce n'est pas elle qui se permettroit de croire qu'il y a des cas où l'homme, celui même qui est innocent, ne doit pas être libre ; que souvent un petit mal produit un grand bien, et qu'il est des moyens violens en administration comme en médecine. La doctrine des déclarations secrètes lui a toujours paru ne pouvoir être que celle des despotes et des tyrans. Elle n'a jamais connu ni ordres du roi ni espions. Jamais la recherche des pédérastes n'a souillé ses yeux ; jamais enfin elle n'a fait le commerce des filles. Quoique moins hypocrite que celle de Paris, qui, tout en *ordonnant* aux danseuses de l'opéra de mettre des caleçons, leur vend des privilèges de prostitution, elle les tolère et les protège, sachant très-bien ce qui arriva à *Florence*, lorsqu'un archevêque voulut en bannir les courtisannes.

Mais ni l'une ni l'autre n'ont encore imaginé le moyen si facile d'empêcher le vice de tendre ses filets dans les rues, jusques devant les boutiques de ces modestes *lingeres* que semble quelquefois se réserver la vertu.

C'est que dans ces deux villes, malgré les lumières de la philosophie, la religion y nourrit encore bien des préjugés. Croiroit-on qu'*Aaron*, qui a fait lapider un homme pour avoir ramassé du bois un jour de sabath, sert toujours de modèle à la patrie de Newton comme à celle de Voltaire ? Et même la superstition est-elle plus sévère sur les bords de la Tamise que sur les bords de la Seine ; car, le dimanche, on ne peut ni y danser, ni y chanter, ni se promener en gondole, ni lire la gazette. Il n'est permis que d'aller dans les tavernes ou dans les bagnios, perdre son argent et sa santé.

En vérité, la dévotion, dans tous les pays comme dans tous les siècles, a une singulière manière de s'arranger avec le ciel. Il me semble toujours entendre, quand j'y réfléchis, ces bonnes religieuses de Mont-Martre, avec lesquelles couchoit Henri IV, qui lui disent : Nous nous flattons, sire, que vous nous avertirez si vous veniez à changer de religion.

Ce qui m'a fait le plus de peine, en lisant les notes de mon ami, c'est de voir que le peuple, qui le premier a trouvé la grande charte de l'humanité, soit si peu avancé dans la science des hôpitaux.

Je suis toujours étonné que les gouvernemens, qui ont eu l'art d'entretenir des soldats avec cinq sols par jour, soient toujours si embarrassés des malheureux.

Que dans chaque rue il y ait une maison où un citoyen, avec l'ame d'un frere de la charité, sans autres intérêts que ceux que paye l'estime publique, reçoive tous ceux de ses voisins qui ont faim et qui ont soif : dépositaire des secrets et des aumônes, il feroit nourrir les infirmes qui ne peuvent que vivre, guérir les malades qui ne doivent pas encore mourir, et donner de l'ouvrage à ceux qui n'ont d'autres bien que la santé.

Il faut que je me repose sur cette idée.

FIN.

A PARIS,

De l'Imprimerie de FIÉVÉE, rue Serpente, N°. 17.

LIVRES

Qui se trouvent chez GARNERY, *Libraire, rue Serpente, n°. 17.*

COLLECTION des Décrets de l'Assemblée Nationale, sanctionnés par le Roi, avec une table par ordre des matières, 15 vol petit *in*-12.   18 liv.

De cinq en cinq volumes il y a une table; la suite sous presse.

Du massacre de la Sainte-Barthélemi, et de l'influence des étrangers en France durant la ligue, *par Gabriel Brisard*, 2 vol. *in*-8°.   5 liv.

Discours sur le caractère et les mœurs de Louis XI, *par le même, in*-8°.   1 liv. 10 f.

Lettres écrites de France pendant l'année 1790, contenant les malheurs de M. Dufossé, *par Miss William*, traduites de l'Anglois, *in*-8°.   1 liv. 16 s.

Liste des noms des ci-devant nobles, avec des notes sur leur famille, 3 parties *in*-8°.   3 liv. 12 s.

Vie privée des Eclésiastiques qui n'ont pas prêté le serment sur la constitution du Clergé, 2 parties *in*-8°.   2 liv. 8 s.

Minéralogie Homérique, *par Aubin-Louis Millin*, *in*-8°.   1 liv. 16 s.

Œuvres complettes de Saint-Simon, 13 vol. *in* 8°. 39 l.

Mémoire *du Baron de Trenck*, 3 vol. *in*-8°. avec figures. 15 liv.

Œuvres du *roi de Prusse*, 16 vol. *in*-8°. édition originale. 33 liv.

— *De Regnard*, 4 vol. *in*-12. 5 liv.

— *Montesquieu*, 7 vol. *in*-12. 7 liv. 10 s.

— *Crebillon*, 3 vol. 3 liv. 10 s.

— Fables de *Lafontaine*. 1 liv. 10 s.

Chef-d'œuvres *de Corneille*, 4 vol. *in*-12. 5 liv. 10 s.

Caractère de *la Bruyere*, 2 vol. *in*-12. 2 liv. 10 s.

Supplément aux anciennes éditions de *Voltaire*, 21 vol. *in*-8°. 36 liv.

Réponse du docteur *Priestley à Burke* 2 liv. 5 s.

Thomas qui veut et qui ne veut pas, ou réfutation de son adresse à l'Assemblée Nationale, par lui-même. 12 sols.

Camille Desmoulins, opuscules de l'an premier de la Liberté. 2 liv. 5 s.

Eloge de *Vauban*, discours qui a remporté le prix de l'académie, 1790, *par M. Noel*. 1 liv. 10 f.

De l'éducation, traduit de l'Anglois, *de Knox*, 1 vol. *in*-8°, sous presse.

Vœu d'un patriote sur la médecine en France, *in*-8°. 2 liv. 10 s.

Voyage *de Cook*, en Suisse, 3 vol. *in-8°*. avec figures. 13 liv. 10 s.

Considération sur la révolution de France, *par E. Brandes.* 1 liv. 16.

Du droit de la paix et de la guerre, ou discours prononcés à l'Assemblée Nationale, pendant la semaine mémorable, où cette question a été agitée, *in - 8°*. 2 liv. 10 s.

Institution navale, *par M. de Kersaint*, *in - 8°*. 24 s.

Confédération nationale, ou recueil exact de tout ce qui a précédé, accompagné et suivi cette auguste cérémonie, 1 vol. avec 5 gravures. 2 liv. 10 s.

Lettres écrites de la Trappe, 1 vol. 1 liv. 4 s.

Œuvres d'Helvétius, avec le système de la nature, 4 vol. *in-8°*. 16 liv.

Les mêmes, 7 vol. *in-12*. 10 liv.

Werther, traduit de l'Allemand, 2 vol. *in-12*. 2 liv. 8 s.

Recherches sur la cause des richesses des nations, traduit de l'Anglais de Smith, 4 vol. 9 liv.

L'Espion Anglais, 10 vol. *in-12*. 15 liv.

Les poésies de M. Guyétand, 1 vol. *in-8°*. 1 liv. 16 s.

Les lettres de Pierre Manuel, l'un des administrateurs de 1789, recueillies par un patriote, sous presse.

Ces ouvrages arriveront francs de port par-tout le royaume, moyennant dix sols par chaque volume *in-12*, et 20 s. pour les *in-8°*. qui, quand leur prix ne passera pas 40 sols, ne payeront que six sols.

www.ingramcontent.com/pod-product-compliance
Lightning Source LLC
Chambersburg PA
CBHW070908170426
43202CB00012B/2240